LES CHANDELIERS JAPONAIS

©2024. EDICO
Édition : JDH Éditions
77600 Bussy-Saint-Georges
Imprimé par BoD — Books on Demand, Norderstedt, Allemagne

Préface : Julien Nebenzahl

Réalisation et conception couverture : Cynthia Skorupa

ISBN : 978-2-38127-359-4
Dépôt légal : février 2024

Daniel Cohen de Lara

LES CHANDELIERS JAPONAIS

JDH Éditions

Les Essentiels de l'AFATE

REMERCIEMENTS

Tout d'abord, merci à Laurent Albie, mon Associé et complice qui m'a fait profiter de sa grande expertise de l'Analyse Technique. Il a bien voulu relire l'ouvrage et me faire part de ses observations et corrections qui ont toutes été considérées.

Je suis très honoré que Julien Nebenzahl ait accepté de rédiger une préface, non seulement comme ancien président de l'AFATE, comme co-auteur avec Thierry Bechu et Éric Bertrand du livre de référence de l'analyse technique, mais surtout comme un des principaux experts de la discipline reconnu par toute la profession et pour qui j'ai la plus grande considération.

Je pense aussi à mes (très) proches sans qui il est impossible de créer un équilibre de vie :

Michèle
Mon père et le souvenir de ma mère
Laurent, Stephen, Fréderic
Helena, Tatiana, Deborah, Florence, Zoubir, Nina, Valentin, Lina, Paul et Adrien
Ma famille

PRÉFACE

Heureux lecteur qui va pouvoir découvrir avec cet ouvrage un des aspects les plus expressifs de l'analyse technique, la représentation par les chandeliers japonais. Cet ensemble de méthodes permet de caractériser très objectivement toute situation. Plus, sa pratique régulière permet de structurer le mode de pensée d'un analyste technique. En synthèse, un incontournable !

Heureux également l'auteur de la préface qui a découvert l'analyse technique en 1994... grâce à l'AFATE ! J'ai pu être entraîné par certains de ses fondateurs comme Claude, Bruno et Thierry dans cet univers passionnant. Au contact de ces professionnels, amis depuis comme c'est souvent le cas à l'AFATE, j'ai pu éviter l'écueil trop fréquent d'une première approche commerciale sinon ésotérique de la discipline pour, conférence après conférence, étayer les lectures recommandées qui ont permis mon propre raisonnement.

L'AFATE m'a tant apporté que j'ai essayé dans les années suivantes de contribuer à son développement avec l'aide de tant d'autres. Je vois avec plaisir que la mission centrale de l'Association se prolonge avec cette collection dédiée à l'apprentissage. La qualité de la formation est essentielle dans notre discipline toujours peu représentée dans le monde académique. Je remercie tous les auteurs qui s'inscrivent dans cette exigence sous la conduite de Daniel et je forme mes vœux pour que les lecteurs prennent ainsi le chemin de la connaissance.

Julien Nebenzahl
Ancien Président de l'AFATE
Fondateur de « Day by Day »
« Senior Advisor » et « Board Member » de ADVIZE

INTRODUCTION

Historique rapide des chandeliers japonais et intérêt de cette représentation

Dès le XVIIIe siècle, le riz représentait le premier marché organisé au Japon. Il n'y avait pas de monnaie unique, notamment parce que les tentatives s'étaient soldées par un échec. Le riz devint – de facto – la monnaie d'échange.

Les seigneurs féodaux – les « daimyo » – pouvaient stocker leurs excédents de riz dans des entrepôts à Osaka et recevaient en échange des « coupons de riz » qu'ils pouvaient utiliser en cas de besoin de liquidités. Il était même possible de nantir les productions futures grâce à ce système de coupons.

C'est ainsi que sont nés les marchés des futures avec Osaka comme centre économique et financier.

Au milieu du XVIIIe siècle, l'héritier d'une très riche famille, Munehisa Homma, a amassé une énorme fortune en mettant en place une méthode de suivi du prix du riz. C'est ainsi que sont nés de son imagination les « chandeliers japonais ». Il a utilisé cette méthode graphique pour prédire les mouvements des prix du riz sur la base de leur historique.

Ses principes de trading, utilisant cette forme de représentation, ont été regroupés à la fin du XVIIIe siècle dans un livre qui est certainement le premier en la matière.

Curieusement, les chandeliers japonais n'ont pas quitté le Japon avant la fin du XXe siècle. Les analystes et traders occidentaux utilisaient des graphiques en clôture ou sous forme de « barcharts ». C'est la rencontre du trader américain Steve Nison en 1987 avec un courtier japonais qui utilisait les chandeliers qui a ouvert l'intérêt de Steve Nison pour la méthode et a conduit à la publication en 1991 de son ouvrage *Japanese Candlestick Charting Techniques*.

Ce dernier a révolutionné les méthodes d'analyse graphique. C'est probablement – avec les traductions dans de nombreuses langues – un des ouvrages d'analyse technique les plus vendus au monde. Il est incontournable pour tous ceux qui se forment à la discipline.

Il aura fallu deux siècles et une bonne part de hasard pour que cette représentation chartiste s'exporte hors du Japon… et fasse aujourd'hui l'unanimité.

Son succès est certainement dû à ce qu'elle fournit beaucoup d'informations d'un coup d'œil.

Elle illustre également la psychologie des deux camps dont nous parlerons sans cesse dans cet ouvrage : le camp acheteur et le camp vendeur, ainsi que des rapports de force permanents entre eux qui concourent à la formation des prix à tout moment.

On verra, dans la première partie de l'ouvrage, comment la lecture des graphiques s'éclaire avec les chandeliers japonais, non seulement à travers l'analyse de la forme de chacun d'entre eux mais aussi par celle d'une suite de chandeliers. On comprendra et anticipera ainsi le rapport de force entre acheteurs et vendeurs.

Cette représentation est universelle dans le sens où elle s'applique à tous les marchés et dans toutes les unités de temps.

On verra, dans la seconde partie de l'ouvrage, qu'elle se conjugue avec l'utilisation d'autres outils de l'analyse technique comme les volumes, les indicateurs…

On retrouve deux formulations qui sont les « chandeliers japonais » et les « bougies japonaises ». L'auteur a plus l'habitude d'utiliser le terme « bougie » et ce dernier prendra progressivement la place au fur et à mesure de la progression de l'ouvrage.

CHAPITRE 1

Construction et signification des chandeliers japonais

1 – Construction des chandeliers

On distingue deux types de chandeliers : chandelier haussier et chandelier baissier.

Les premiers auront un corps blanc dans l'ouvrage, les seconds auront un corps noir.

Souvent, sur les plateformes d'analyse et de trading, on utilise des représentations bleues ou vertes pour les chandeliers haussiers et des corps rouges pour les baissiers.

1 – 1 Représentation des chandeliers haussiers

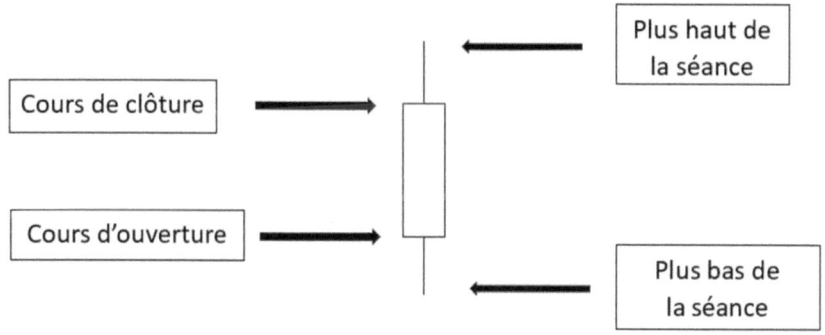

Quatre informations majeures sont données :
- – Le cours d'ouverture
- – Le cours de clôture
- – Le cours le plus haut de la séance
- – Le cours le plus bas de la séance

On considère ici une bougie quotidienne en utilisant le terme « séance ». Cela reste valable quelle que soit l'unité de temps considérée.

1 – 2 Représentation des chandeliers baissiers

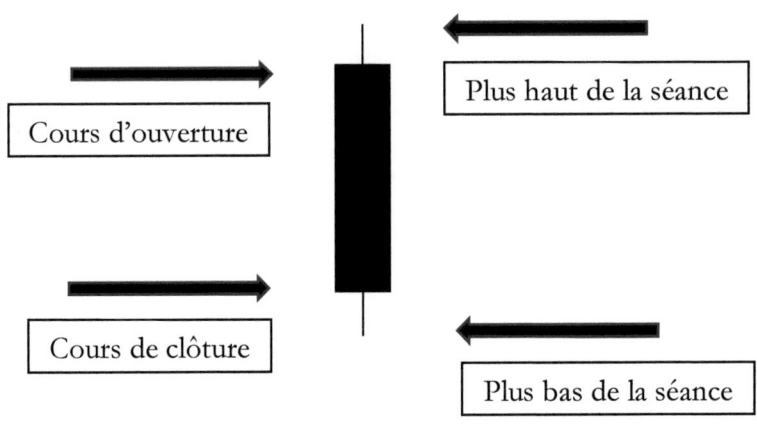

On retrouve les mêmes informations. Ici, le cours d'ouverture est supérieur au cours de clôture puisque le chandelier est baissier.

Dans les deux configurations, au-dessus et au-dessous des corps des chandeliers, on distingue des « mèches » haute et basse.

Les tailles relatives des corps et des mèches vont dessiner des formes de chandeliers très différentes qui sont la traduction des mouvements de la séance. On y retrouve la synthèse du conflit permanent entre acheteurs et vendeurs :

– Si les cours d'ouverture et de clôture sont proches, cela indique qu'après une séance de confrontation, acheteurs et vendeurs se sont montrés plutôt d'accord sur la valeur de l'actif au moment de la clôture.

– A contrario, si les corps sont importants, cela indique qu'un camp a clairement pris le dessus sur l'autre : camp acheteur si le corps est blanc, camp vendeur si le corps est noir.

Il en va de même pour les mèches :

a) Chandeliers blancs

– Si le chandelier présente une petite mèche haute, cela signifie que les cours ont clôturé proches du plus haut de la séance. Les acheteurs détiennent bien le contrôle de l'actif. Si la mèche haute est importante, cela signifie que les vendeurs sont revenus en force sur les plus hauts de la séance et ont repris – du moins partiellement – le contrôle du marché. Cela correspond à une situation plus indécise.

– Si le chandelier présente une petite mèche basse, cela signifie que la pression vendeuse a été faible tout au long de la séance. C'est également un signe de force du camp acheteur. Si la mèche basse est importante, cela traduit une partie de séance durant laquelle les vendeurs ont été très présents, mais à un moment, les acheteurs ont repris le contrôle. Cela correspond plutôt à un signe de force du camp acheteur.

b) Chandeliers noirs

– Si le chandelier présente une petite mèche haute, cela signifie que les acheteurs n'ont pas été capables de faire progresser les cours après l'ouverture. Les vendeurs ont vite repris le contrôle de la situation. A contrario, si la mèche haute est longue, les acheteurs ont commencé à prendre le contrôle de l'actif avant que les vendeurs ne reprennent le dessus.

– Si le chandelier présente une petite mèche basse, cela signifie que les vendeurs tiennent le contrôle de l'actif et les acheteurs ont eu une présence faible en fin de séance. Si la mèche basse est longue, les acheteurs ont laissé la main aux vendeurs et sont revenus en force par la suite. Ce type de chandelier correspond à une situation d'incertitude qui devra être levée sur la séance suivante.

c) On sera toujours très attentifs aux niveaux qui sont les plus importants, à savoir les cours d'ouverture et de clôture. En effet, c'est souvent durant la première et la dernière heure d'une séance que l'on va retrouver la plus forte volatilité et les volumes les plus importants. C'est dans ces périodes que se décide souvent la prédominance d'un camp sur l'autre.

2 – Interprétation de la forme des chandeliers

Le sujet vient déjà d'être abordé avec la question des mèches.

Nous allons maintenant détailler les principales formes de chandeliers et leur interprétation, toujours dans le contexte du rapport acheteurs/vendeurs.

On notera tout d'abord deux notions d'importance majeure :

– Plus les corps des chandeliers sont longs, plus importante est la force acheteuse (chandeliers blancs) ou la force vendeuse (chandeliers noirs).

– Plus les mèches sont longues, plus grande est l'incertitude de prédominance d'un camp sur l'autre. Il faudra attendre la ou les séances suivantes pour sortir de cette incertitude.

Nous allons analyser et interpréter les principales formes de chandeliers. On s'étalonnera en fonction de la force d'un des deux camps, c'est-à-dire en fonction de la taille du corps de la bougie.

2 – 1 Chandeliers à grands corps

2 – 1 – 1 : Le « marubozu »

Il correspond à un chandelier sans mèche haute ni basse et avec un grand corps. Cela correspond à une grande force des acheteurs si le marubozu est blanc. En effet, les cours ont ouvert au plus bas de la séance et ont clôturé au plus haut. Il faut néanmoins faire preuve de prudence et attendre (comme souvent) la séance suivante pour confirmer.

À l'inverse, dans le cas d'un marubozu noir, les cours ont ouvert au plus haut de la séance pour clôturer au plus bas.

Ce type de chandelier apparaît souvent suite à un évènement particulier pour l'actif : sortie de résultat, opération sur le capital (annonce d'OPA), cession d'activité, statistique micro ou macroéconomique… qui provoque un fort décalage de la valeur de l'actif telle qu'analysée par le marché. Cela peut entraîner des excès et un marubozu peut très bien être partiellement corrigé le lendemain.

2 – 1 – 2 Chandeliers sans mèche haute ou sans mèche basse

Dans le premier cas, cela indique que la clôture s'est réalisée au plus haut de la séance pour un chandelier blanc. On peut supposer que si la clôture de la séance avait été plus tardive, les cours auraient pu continuer à progresser. On doit donc s'attendre à une poursuite de la pression haussière le(s) jour(s) suivant(s). Pour un chandelier noir, les cours ont ouvert au plus haut de la séance et ont continué à baisser, confirmant la force du mouvement baissier.

Pour un chandelier blanc sans mèche basse, les cours ont ouvert au plus bas de la séance et ont progressé : le mouvement haussier est dynamique. Un chandelier noir sans mèche basse indique que la clôture a eu lieu au plus bas de la journée, laissant entrevoir la poursuite de la baisse par la suite.

2 – 1 – 3 Chandeliers à petits corps

Un petit corps signifie que les cours d'ouverture et de clôture sont proches. En général, la couleur du corps aura peu d'importance contrairement à la taille des mèches.

Ce type de chandelier indique une incertitude sur l'évolution de la tendance : c'est une situation d'attente.

On verra plus loin qu'ils sont particulièrement significatifs quand on est en haut ou en bas d'une tendance.

On analysera également un cas particulier qui est le doji. Ce chandelier se caractérise par des niveaux d'ouverture et de clôture de la séance identiques ou très proches. Acheteurs et vendeurs se sont totalement neutralisés après une séance de combat.

3 – Lecture des chandeliers dans un mouvement boursier

Cette étape est importante. L'auteur a l'habitude – chaque jour – de passer un peu de temps, généralement en début de journée avant l'ouverture européenne, de regarder des graphiques les plus dépouillés possibles afin de regarder uniquement les chandeliers et de comprendre les mouvements du marché : repérer les intensifications des pressions acheteuse ou vendeuse, les changements de mains entre les deux camps, les bougies caractéristiques…

Nous allons illustrer cette approche avec l'exemple suivant d'un mouvement baissier.

Le 5 décembre, une première bougie noire met un terme à une tentative de prise en main du marché par les acheteurs. Trois bougies noires vont se succéder, amenant les prix de 24,80 à 21,81, soit une baisse significative de 12 % en trois séances. On peut imaginer alors des prises de bénéfices qui permettent aux acheteurs de reprendre espoir sur le support à 21,81. La bougie du 15 décembre leur fait perdre tout le terrain gagné en cinq séances. La pression vendeuse va s'accélérer le lendemain d'une manière un peu ambiguë. Tout d'abord, un gap baissier est ouvert, mais la séance se termine en doji avec des mèches significatives, montrant la lutte acharnée entre les deux camps. La bougie du lendemain confirme la détermination vendeuse et une forme de renoncement du camp adverse. Les cours vont baisser en ligne droite jusqu'au 5 janvier sur 16,73. Ainsi, entre le 15 décembre et le 5 janvier, les cours ont baissé de près de 30 % : le mouvement est très fort. On notera que la grande majorité des bougies noires n'ont quasiment pas de mèche haute confirmant la dynamique du mouvement : chaque jour, dès l'ouverture de la séance, la pression baissière est présente.

À partir du 5 janvier se développent quatre bougies qui s'appuient sur 16,73, les bougies alternant le blanc et le noir, montrant un équilibre entre les deux camps et une situation d'incertitude.

Sur cette nouvelle zone de prix (autour de 18,36), une nouvelle tentative haussière se développe jusqu'à la bougie noire dynamique du 19 janvier qui refait perdre tout le chemin parcouru depuis le début de la tentative de rebond. On note que les quatre bougies précédentes présentaient des mèches hautes significatives montrant la présence constante des vendeurs avant que s'opère le retournement.

Les bougies qui suivent celle du 20 janvier sont deux doji qui montrent une résistance à la baisse. Une dernière bougie noire le 25 janvier vient solder la dynamique baissière. Pourtant, on a affaire à un marubozu noir qui laisserait plutôt présager une poursuite du mouvement. Une consolidation du mouvement baissier se met alors en place. La bougie du 26 janvier n'a pas un corps important, marquant l'intensité du conflit acheteurs/vendeurs, mais la mèche basse importante marque la résistance du camp acheteur.

On notera enfin les quatre situations de retournement du mouvement qui s'opèrent généralement sur trois ou quatre bougies :

– Situation 1 : les prix sont au contact de résistances : oblique baissière et résistance technique. La mèche haute de la bougie du 14 décembre marque un affaiblissement de la pression acheteuse ; il semble que les vendeurs vont défendre la résistance à 23,80, ce que confirme la bougie du lendemain

– Situation 2 : un groupe de quatre bougies alternant les couleurs montre une bataille acheteurs/vendeurs sur la tenue du support à 16,73 qui va tourner à l'avantage des acheteurs.

– Situation 3 : le mouvement de contre-tendance amorcé sur le support à 15,33 se termine avec des bougies dont le corps est de plus en plus petit et les mèches de plus en plus prononcées. Cela montre l'affaiblissement de la pression acheteuse. Les cours n'atteindront même pas l'oblique baissière avant que la bougie noire du 3 février marque la reprise en main du marché de l'actif par les vendeurs.

– Situation 4 : une bougie blanche dynamique le 15 février semble lancer une dynamique haussière qui va être contredite dès le lendemain par une bougie à corps noir et longue mèche haute qui va tester la résistance oblique. Les vendeurs étaient décidés à défendre cette oblique baissière : ils ont laissé les acheteurs s'aventurer jusqu'à cet obstacle et ont repris la main à son contact. Ce type de bougie et de situation sont tout à fait classiques.

Cet exemple nous montre que :

– La taille des corps et la succession des bougies noires qualifient la pression baissière.

– Le mouvement baissier est régulièrement interrompu par des phases de consolidation. Ces dernières interviennent généralement lorsque les cours atteignent un niveau technique important (support ou résistance). À son contact, des acheteurs envisagent que la baisse est terminée et tentent de commencer à construire une position dans leur sens. La consolidation se met en place jusqu'au moment où la pression acheteuse se réduit, puis que la pression vendeuse recommence à être prédominante. On a ainsi un groupe de trois ou quatre bougies qui décrivent le retournement.

– Les phases de retournement s'opèrent généralement sur des zones de support et de résistance, qu'ils soient horizontaux ou obliques.

On voit ainsi que les mouvements et les retournements s'opèrent souvent par groupes de quelques bougies qui décrivent le changement de mainmise des deux camps antagonistes sur le marché de l'actif.

Dans le chapitre suivant, nous allons analyser et décrire ces phénomènes de continuation et de retournement de tendance.

CHAPITRE 2

Les structures de retournement et de continuation

Les structures de retournement se produisent dans deux cas :
– Retournement haussier achevant une séquence baissière
– Retournement baissier soldant une séquence haussière

On a vu dans le chapitre précédent les circonstances qui amenaient à ces retournements. Tout d'abord, dans un mouvement haussier, on constate généralement un recul de la pression haussière à l'approche d'obstacles importants, les prix atteignant des niveaux qui n'intéressent plus les acheteurs, puis survient une bougie d'alerte de changement de tendance. Elle doit – bien sûr – être confirmée par la/les bougie(s) suivante(s) pour acter le retournement.
Le phénomène inverse se produit en fin de séquence baissière.
Ainsi, les structures de retournement se développeront généralement sur trois ou quatre bougies.

1 – Les bougies d'alerte

Elles sont situées en haut ou en bas de tendance.

1 – 1 Le pendu

Dans la figure suivante, considérons la bougie marquée d'une flèche.

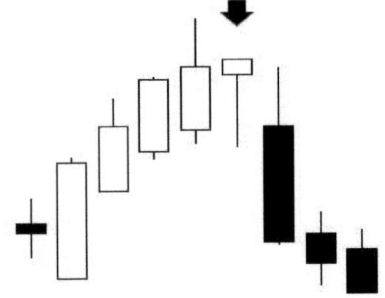

Elle est composée d'un petit corps (peu importe sa couleur), d'une longue mèche basse et est dépourvue de mèche haute.

Elle fait suite à une séquence haussière significative. Au cours de la séance, les prix ont marqué une vague de ventes d'importance (hauteur de la mèche basse) avant que les acheteurs se reprennent pour finalement clôturer proche du niveau d'ouverture. Ce mouvement fort de ventes en séance montre clairement un affaiblissement de la dynamique haussière. Le marché est devenu vulnérable et le verdict tombera sur la longue bougie noire suivante qui montre le retournement de la tendance.

1 – 2 Le marteau

Il s'agit du même type de bougie en bas de mouvement baissier, comme illustré dans la figure suivante.

À la suite d'une séquence baissière puissante, la bougie marquée par la flèche est très caractéristique d'un marteau.

Elle se compose d'un petit corps et, surtout, d'une longue mèche basse. Cela signifie que les acheteurs ont considéré que le niveau de prix atteint par la mèche basse était excessif et qu'il y avait un intérêt à revenir sur le marché.

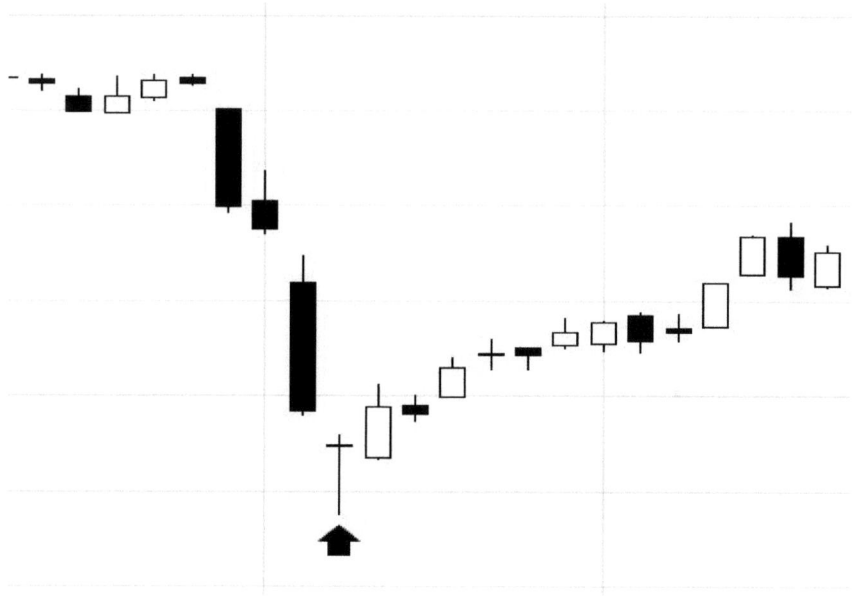

La bougie suivante vient en confirmation. Le mouvement haussier qui a été initié a incité d'autres acheteurs à revenir dans le marché. Le marteau correspond en fait à un excès baissier du marché.

Dans cette configuration, les cours passent de 19,65 à 13,01, correspondant à une baisse de plus de 33 % en l'espace de deux semaines, ce qui représente une baisse rapide et forte. On peut imaginer qu'avec cette dynamique baissière, plusieurs bougies d'alerte seront nécessaires pour espérer un retournement du mouvement. Il faudra trois séances avec notamment les marteaux marqués des flèches 1 et 2 pour que le camp acheteur reprenne la main.

Le rebond qui se met en place s'arrêtera sur la résistance à 15,35 avant qu'un nouveau retournement baissier intervienne. Celui-ci se terminera sur le marteau 3 confirmé le lendemain par une bougie blanche présentant un corps significatif.

On notera, après une nouvelle impulsion baissière, le marteau 4 qui sera confirmé par une belle bougie blanche relançant un nouveau retournement haussier.

2 – Les structures de retournement sur plusieurs bougies

On a vu qu'une seule bougie ne pouvait donner qu'un signal d'alerte d'affaiblissement d'un mouvement tendanciel. Elle indique un dysfonctionnement du mouvement, le retour d'une certaine détermination du camp opposé. Les structures de marteau et de pendu sont néanmoins des alertes fortes.

On va détailler plusieurs structures de retournement sur plusieurs séances. Il est nécessaire de stopper une tendance en cours, mais pour confirmer le retournement, il faut qu'une dynamique opposée se structure. La configuration des bougies (corps et mèches), leurs tailles seront les déterminants de ce changement de mainmise sur le marché de l'actif et d'une nouvelle dynamique.

2 – 1 Les structures d'avalement

Le graphique suivant présente plusieurs exemples caractéristiques de structures d'avalement haussier (structures 2 et 4) et baissier (structure 3). La structure 1 peut être considérée comme une variante.

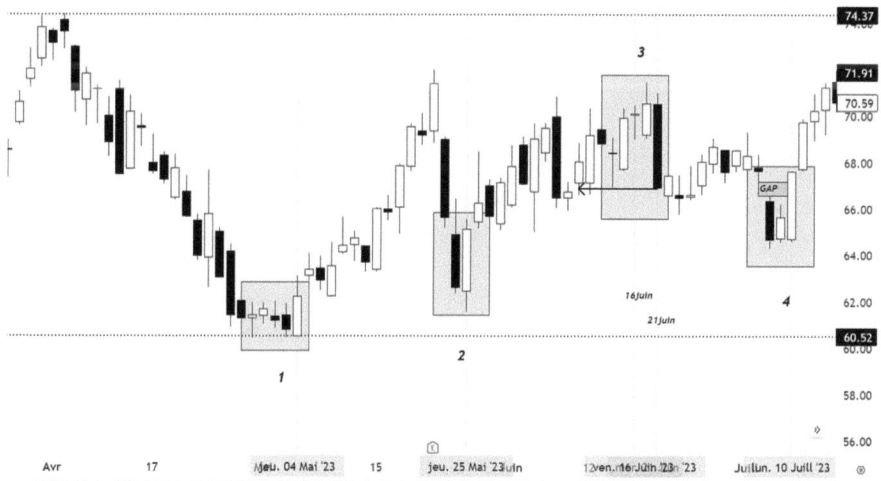

Suite à un mouvement baissier dynamique sur le mois d'avril, les cours régressent de 74,37 à 60,52, support qui commence par arrêter la baisse. Plusieurs séances de lutte entre acheteurs et vendeurs sur ce niveau sont nécessaires. Jusqu'au 3 mai, il est impossible de savoir si ce support résistera ou non. La réponse est donnée par la bougie blanche du 4 mai. La pression acheteuse a complètement retourné la tendance vendeuse. Malgré une mèche haute, la détermination des acheteurs a donné une réponse franche. Le signal de retournement est donné, il se confirme lors de la séance suivante et le mouvement haussier se développera par la suite. Même si le corps de la bougie avale les bougies précédentes, ce n'est pas une vraie bougie d'avalement contrairement aux structures 2, 3 et 4, car on est sur un support.

On comprend le phénomène d'avalement avec la structure 2 à deux bougies qui nécessite une seule bougie de retournement. Le corps de celle du 25 mai englobe (ou avale) celui de la veille. En plus, dans ce cas, on a affaire à des bougies de belle taille, ce qui renforce le phénomène de retournement. La bougie du 25 mai présente une mèche haute de petite taille, ce qui est un élément favorable : la pression haussière s'est maintenue jusqu'à la clôture.

Le mouvement haussier qui va suivre commencera à marquer des signes de faiblesse à partir du 16 juin. Après la bougie blanche de belle taille et de petite mèche haute, celle du 16 est un doji, qui est une marque d'indécision. La suivante, bien que de taille suffisante, commence à présenter une mèche haute qui indique une réelle présence des vendeurs. Enfin, la bougie noire du 21 juin est très forte. Son corps avale les corps des sept bougies précédentes. De plus, la clôture se fait au plus bas de la séance, montrant la force du camp vendeur.

Le schéma de la structure 4 est très caractéristique. La bougie du 10 juillet – au-delà de la taille de son corps – est doublement forte :

— Elle comble le gap baissier ouvert deux séances plus tôt.

— Elle correspond à un quasi «marubozu» : très petite mèche basse, clôture au plus haut de la séance.

On notera enfin que le marché est entré dans un schéma de long terme plutôt haussier dans la mesure où les retournements haussiers 1, 2 et

4 se réalisent sur des niveaux de plus en plus élevés. Les acheteurs prennent petit à petit l'ascendant.

Les structures d'avalement sont des configurations fiables à condition que :

– La bougie d'avalement ait un corps de taille importante. Il s'agit de bien marquer qu'il y a le démarrage d'un retournement de tendance. On verra plus loin dans l'ouvrage que les volumes donneront une information de confirmation très importante qui pourra se compléter avec d'autres indicateurs (voir chapitre 3).

– Les jours d'après confirment le retournement. Quand la bougie de retournement est trop forte, il arrive que des prises de bénéfices interviennent le lendemain. Elles doivent rester secondaires avec une bougie présentant un petit corps afin de ne pas laisser le camp adverse espérer.

Enfin, plus la tendance initiale a été longue et entraînant un grand décalage des prix, plus elle sera vulnérable à un retournement.
Les structures d'avalement, du fait de la dynamique du renversement de tendance, sont des structures de retournement très fiables.

2 – 2 Pénétrante (renversement haussier) – Couverture en nuage noir (renversement baissier)

Ce type de structure peut se rapprocher du précédent. Il n'en a néanmoins pas la même force ni la même fiabilité.

2 – 2 – 1 Couverture en nuage noir

Elle intervient généralement à la suite d'une tendance haussière significative et après une bougie de taille également significative qui laisserait augurer, a priori, la poursuite du mouvement.

Dans l'exemple présent, un mouvement haussier s'est développé à partir du 23 juin. La bougie du 17 juillet est blanche, au corps important, quasiment sans mèche basse, et la mèche haute est allée tester la résistance à 289,30. Cette bougie semble favorable à la poursuite de la hausse. Cependant, la bougie du lendemain ouvre un peu au-dessus de la clôture de la veille mais les prix ne progressent pas et les vendeurs reprennent la main : les acheteurs sont certainement prudents suite à l'échec de la veille sur 289,30. La bougie est finalement noire, confirmant la détermination des vendeurs.

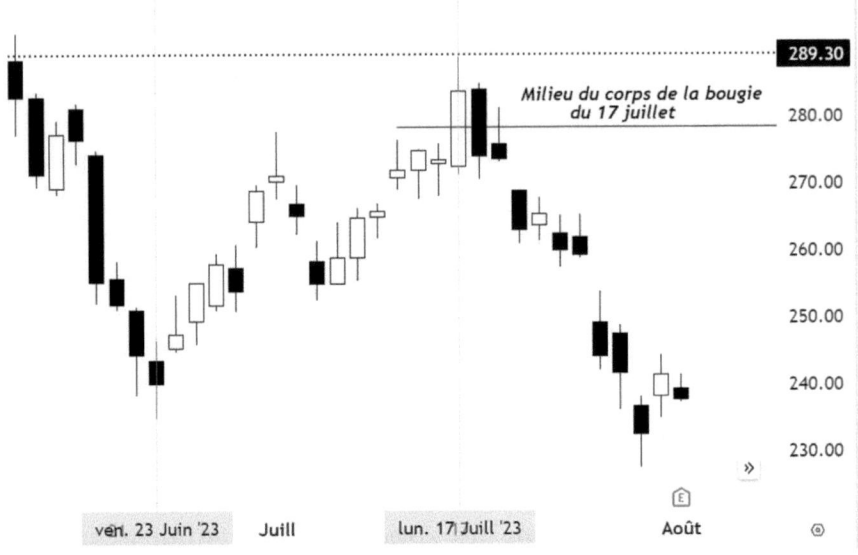

Il est important, pour valider la structure de couverture en nuage noir, que la clôture de la bougie noire soit sous le milieu du corps de la bougie blanche précédente.

Plus la clôture sera basse, plus forte sera la figure de retournement, car elle confirmera plus clairement le retour du camp opposé. Si elle se produit sous le corps de la bougie précédente, on est ramené à une structure d'avalement baissier. C'est pour cela que la couverture en nuage noir est moins forte que l'avalement baissier et nécessite encore plus la confirmation de la/des séances suivantes.

Il est classique que ce type de structure de retournement – comme les autres – se produise au contact d'un obstacle important.

On considèrera, comme indiqué ci-dessus, la bougie du lendemain qui ne doit pas infirmer le changement de tendance. En la circonstance, la bougie du 19 juillet est noire, et clôture légèrement en dessous de la bougie de retournement. Il est intéressant de considérer la longue mèche haute qui montre que les acheteurs ont essayé de se défendre mais ont dû renoncer face à la détermination des vendeurs.

Celle du 20 juillet est encore plus significative avec l'ouverture d'un gap baissier et une bougie qui ouvre au plus haut de la séance.

2 – 2 – 2 Pénétrante haussière

Cette structure apparaît en bas d'une tendance baissière. Elle est composée principalement de deux bougies. La première est noire, avec un corps de taille significative qui devrait laisser espérer la poursuite du mouvement baissier. La deuxième est blanche. Elle ouvre sous la clôture de la veille, semblant confirmer la poursuite du mouvement baissier, mais les acheteurs reprennent la main en cours de séance ; cette reprise en main doit permettre de clôturer au-dessus du milieu du corps de la bougie noire précédente.

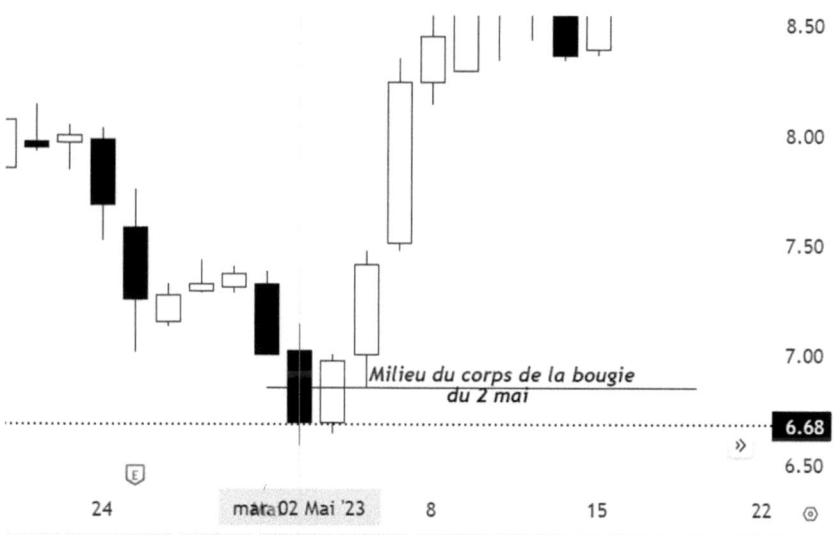

Un mouvement baissier s'achève le 2 mai sur le support à 6,68 par deux bougies noires au long corps et avec de très petites mèches. La bougie suivante ouvre quasiment au niveau de la clôture précédente, les prix repartent un peu à la baisse (mèche basse), mais rapidement les acheteurs réagissent sur le support à 6,68, reprennent la maîtrise de la situation. La bougie blanche clôture au-dessus du milieu du corps de la bougie noire précédente. La mèche haute est négligeable, les acheteurs conservant le contrôle de la situation jusqu'à la clôture.

Remarque : la nécessité de clôture au-dessus du milieu de la bougie noire précédente doit être simplement interprétée comme un signal de force envoyé par les acheteurs. Dans l'exemple suivant, cette condition n'est pas remplie.

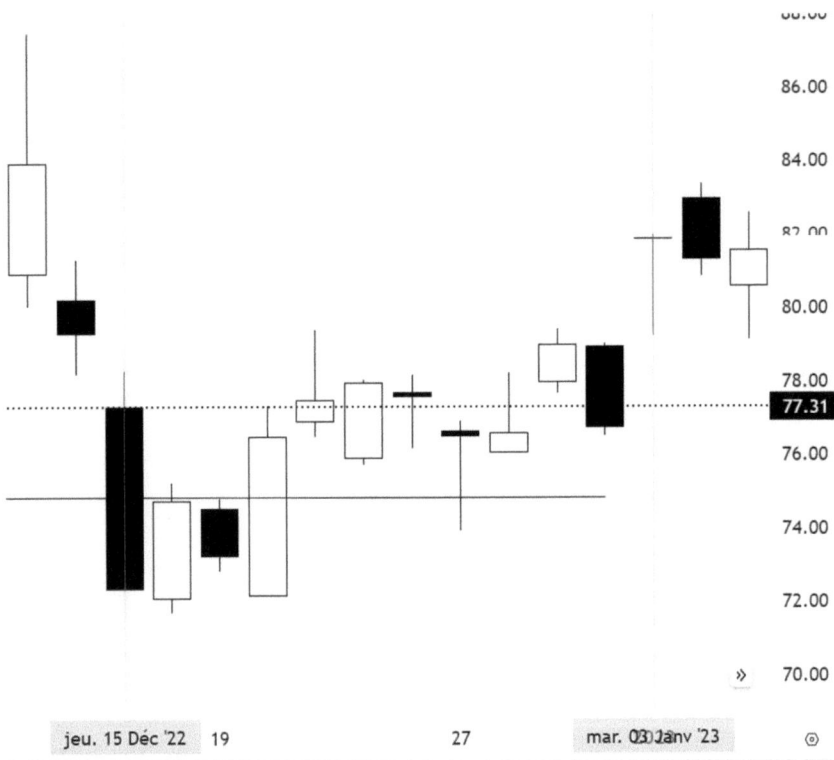

La clôture de la bougie blanche du 16 décembre est en dessous du milieu de la bougie noire à long corps de la veille. La détermination des acheteurs est insuffisante à ce moment, ce qui n'échappe pas aux vendeurs. Une période d'incertitude s'ouvre alors et ce n'est que le 3 janvier que le haut du corps de la bougie noire du 15 décembre est définitivement franchi.

2 – 3 Les étoiles : *Étoile du matin – Étoile du soir*

C'est également un des types de configurations classiques de renversement qui se développe généralement sur trois bougies.

Une étoile est une bougie qui présente un corps de très petite taille et qui vient après une bougie qui a un corps beaucoup plus important. Elles surviennent en haut ou en bas de tendance. En haut de tendance, elle indique une forte réduction du momentum acheteur suite à une bougie blanche significative. Réciproquement, en bas de tendance, elle marque une réduction forte de la pression baissière.

2 – 3 – 1 L'étoile du matin

C'est une configuration à trois bougies. Elle solde généralement un mouvement baissier et indique un retournement haussier :

– La première bougie a généralement un long corps noir, dans le sens de la tendance. Les vendeurs ont la main.

– La deuxième bougie est assimilée à une étoile. Idéalement, les corps des deux bougies sont disjoints. La couleur de cette bougie n'est pas importante. Elle indique que la pression vendeuse faiblit. Sa mèche basse doit être le niveau le plus bas des trois bougies et constituera un niveau de support.

– La troisième bougie doit avoir un corps blanc significatif. Le retournement aura d'autant plus de force que sa clôture dépassera le milieu de la première bougie.

C'est le cas dans la configuration suivante :

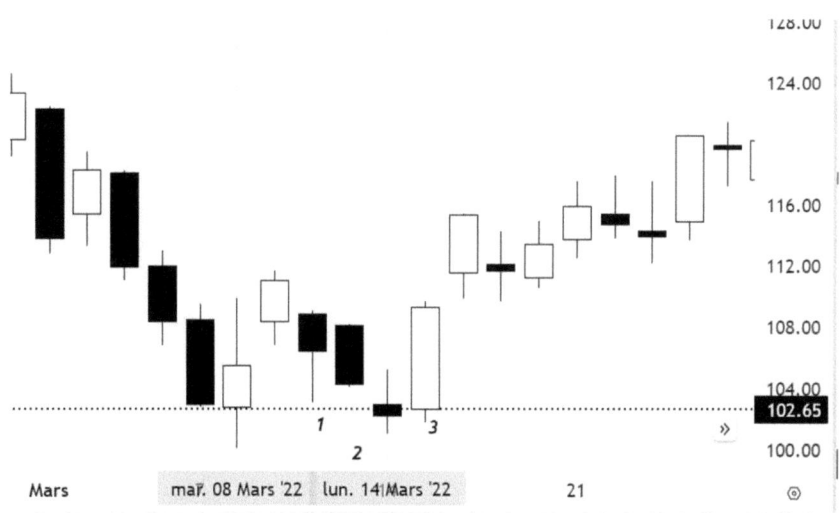

Un mouvement baissier se déclenche début mars et le support à 102,65 est touché une première fois le 8 mars. Il provoque un rebond de courte durée. Le 14 mars (bougie 2), le support est à nouveau testé. La bougie précédente (bougie 1) est un « marubozu » (ouverture au plus haut de la séance, baisse toute la séance pour clôturer au plus bas). Les corps des bougies 1 et 2 n'ont aucun niveau commun. Le support provoque un nouveau rebond avec une bougie (la 3) présentant un long corps et très peu de mèches. On voit clairement que les acheteurs ont repris le contrôle de la situation, ce qui sera confirmé par la bougie suivante.

La force de cette troisième bougie est telle qu'elle lui permet de franchir non seulement le milieu du corps de la première bougie noire mais aussi son cours d'ouverture. Il est évidemment important que cette bougie 3 marque une détermination des acheteurs dans la défense du support à 102,65.

Cet exemple est une variation de l'étoile du matin dans le sens où on n'est pas formellement en bas de tendance. En effet, les cours peuvent être considérés comme en range. Cependant, la configuration des trois bougies marque clairement les composantes du retournement.

Dans l'exemple suivant, l'enjeu de la bataille est la défense du support à 82,46. La bougie 1 est très baissière (long corps noir et petite mèche basse). Elle est plus conforme au principe que dans l'exemple précédent dans la mesure où elle est directement en bas de mouvement.

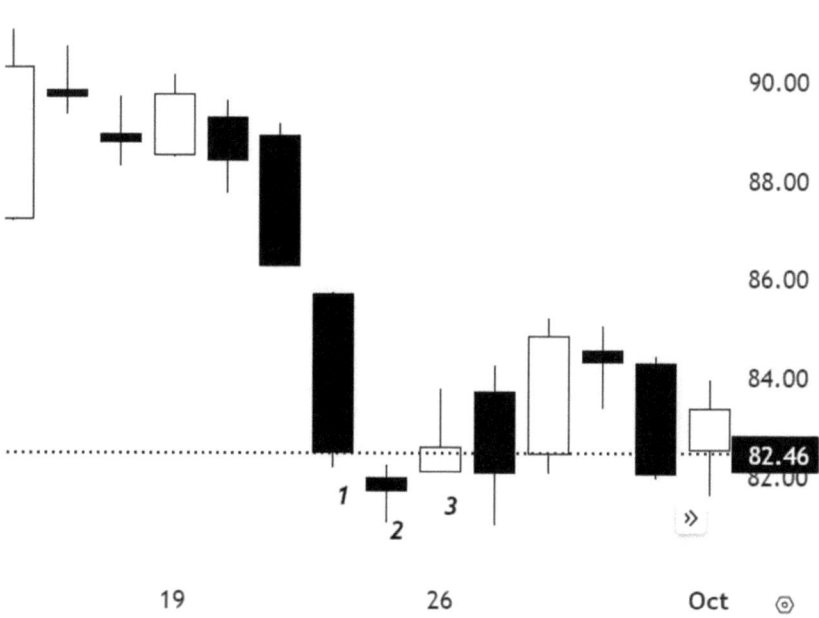

La bougie 2 ouvre sous le corps de la précédente et présente un petit corps. La bougie 3 présente un corps blanc de petite taille, et la longue mèche haute (de taille supérieure à celle du corps) n'apporte pas la confirmation attendue du retournement. On ne sent pas la détermination du camp acheteur. La bougie suivante confirme l'échec du retournement. On n'est donc pas dans une figure d'étoile du matin, à cause de la bougie 3.

Par ailleurs, il convient de ne pas être restrictif sur la taille du corps de la bougie 2. Il peut se produire (régulièrement) que les prix aillent chercher le premier support sous les cours avant le début du rebond. Cette circonstance est plutôt favorable car elle marque une réaction sur un niveau clé comme dans la configuration suivante :

La bougie 2, après une bougie 1 très baissière, est venue chercher le niveau de 77,73 qui avait fait résistance à trois reprises avant d'être franchi le 19 juillet. Il est classique qu'après un franchissement de résistance, elle soit testée à nouveau. C'est la fonction de la bougie 2. La confirmation du rebond apparaît avec la bougie 3 qui montre la détermination des acheteurs, confortés par le test de 77,73.

On retrouve toujours ce même phénomène : plus la bougie 3 sera forte (taille importante du corps, petite mèche haute), plus le mouvement de retournement sera efficace. Une configuration qui retrace une très grande partie de la bougie 1 est favorable, et encore plus quand sa clôture dépasse le niveau d'ouverture de la bougie 1. Quand la bougie 3 est faible comme sur l'avant-dernier graphique, il y a danger pour le retournement. Il faut parfois attendre deux ou trois bougies pour que la confirmation arrive si la bougie 3 n'est pas convaincante, ou que la tendance baissière reprenne ses droits.

2 – 3 – 2 L'étoile du soir

C'est le pendant de l'étoile du matin en haut de tendance haussière. C'est une figure d'affaiblissement puis de retournement du mouvement haussier précédent.

Elle est aussi constituée de trois bougies :

– La première – blanche – doit comporter un corps de taille significative marquant la prédominance du camp acheteur.

– La seconde – dont la couleur a peu d'importance – marque l'affaiblissement du camp acheteur qui sera plus marqué en cas de mèche haute significative. Son corps doit idéalement être au-dessus de la clôture de la bougie précédente même si ce caractère n'est pas obligatoire : un petit recouvrement est tolérable.

– La troisième – noire – doit revenir en dessous du milieu du corps de la première bougie pour marquer le retournement et la force du camp vendeur.

Le graphique ci-après illustre cette structure :
La bougie 1 s'inscrit dans une dynamique haussière. La mèche haute donne déjà un premier indice de la présence active des vendeurs. La bougie 2 présente un petit corps et une mèche haute supérieure au corps de la bougie. La bougie 3 marque clairement le retour des vendeurs. On notera néanmoins la bougie suivante qui vient inverser la bougie 3, et ce n'est que deux séances après que la mainmise des vendeurs est actée.

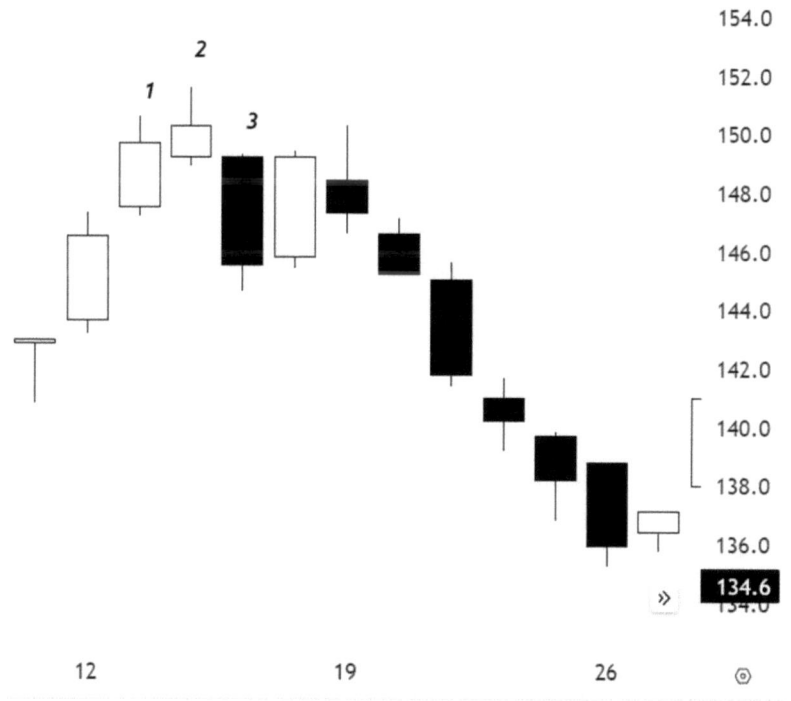

Quand la bougie 3 ouvre un gap baissier par rapport à la 2, la situation est encore plus favorable, la pression baissière étant encore plus forte comme dans la situation suivante.

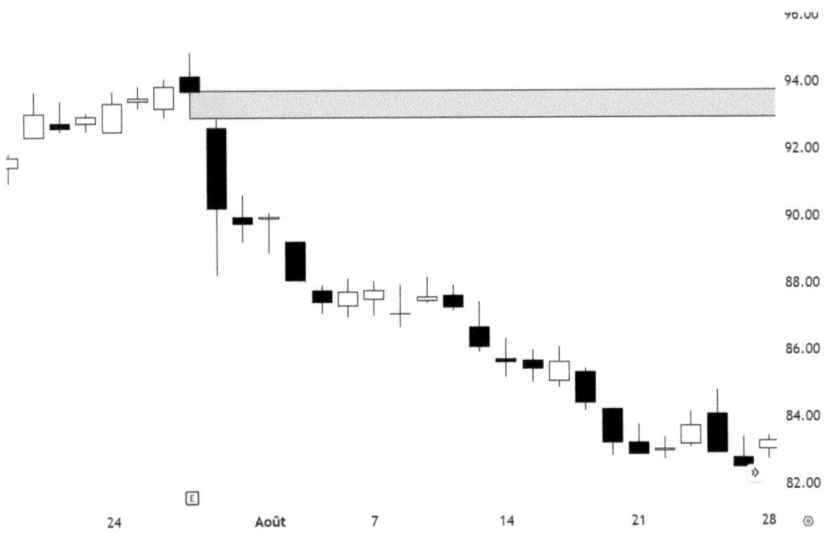

2 – 3 – 3 L'étoile doji

Cette variante de l'étoile du matin ou du soir marque sa particularité et sa force par le fait que la bougie 2 est un doji dont la ligne d'ouverture/clôture se situe sous la clôture précédente.

Elle est illustrée dans la configuration ci-après :

Au bas d'un mouvement baissier, la bougie du 27 décembre est un quasi-marubozu qui semble indiquer une bonne dynamique baissière. Cependant, la bougie du lendemain ouvre et clôt au même niveau, sous le corps de la précédente. Elle marque un arrêt brutal dans la baisse. Cet arrêt et le renversement sont confirmés par la bougie du lendemain qui ouvre au-dessus de la clôture du doji. De plus, elle ne présente pas de mèche basse, une mèche haute faible par rapport à la taille du corps : les acheteurs ont repris le contrôle du marché de l'actif.

2 – 3 – 4 : Le bébé abandonné/l'île de retournement

C'est une figure de retournement très puissante. Elle correspond à une structure d'étoile du soir avec la bougie 2 qui se trouve entre deux gaps : gap haussier entre les bougies 1 et 2, gap baissier entre les bougies 2 et 3. Le premier gap représente un excès d'optimisme de la part des acheteurs qui sont rapidement repoussés par le gap baissier qui consacre déjà une prédominance du camp vendeur qui doit être confirmée par la bougie 3. Le graphique ci-après illustre cette configuration :

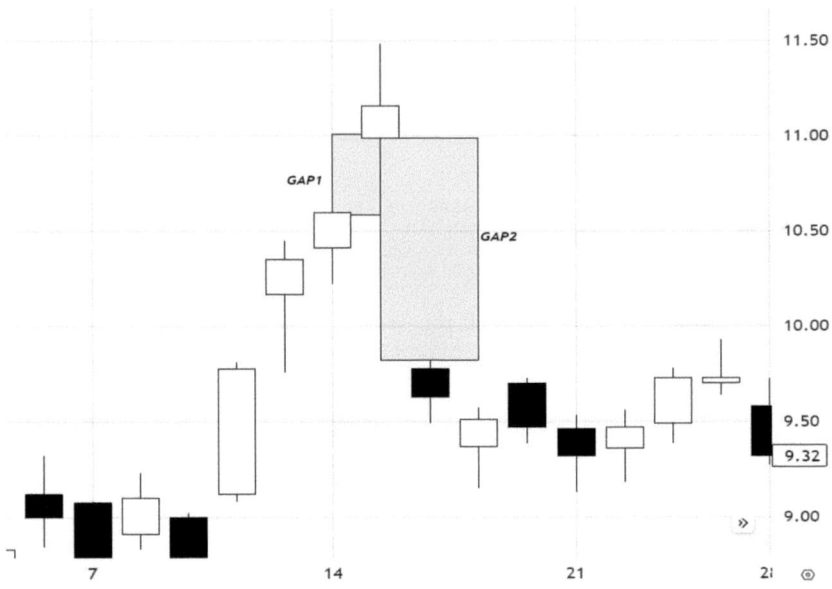

Une variante du « bébé abandonné » est l'« île de retournement » dans laquelle la bougie 2 est remplacée par plusieurs bougies. Dans l'exemple suivant, l'île de retournement comprend deux bougies :

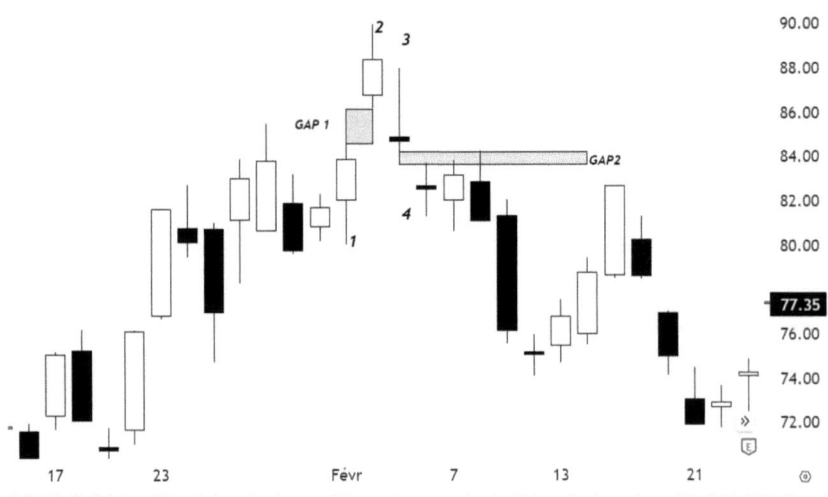

La bougie 2 habituelle est remplacée par deux bougies, les 2 et 3, et c'est la bougie 4 qui complète le dispositif.

Elle comprend même 4 bougies dans la configuration ci-après.

Toutes ces configurations montrent la grande force de cette structure de retournement baissier. La prise de contrôle par les vendeurs dans une période théoriquement faste pour le camp adverse sème le trouble et fait perdre la confiance dans le camp acheteur, ce qui dynamise le camp opposé.

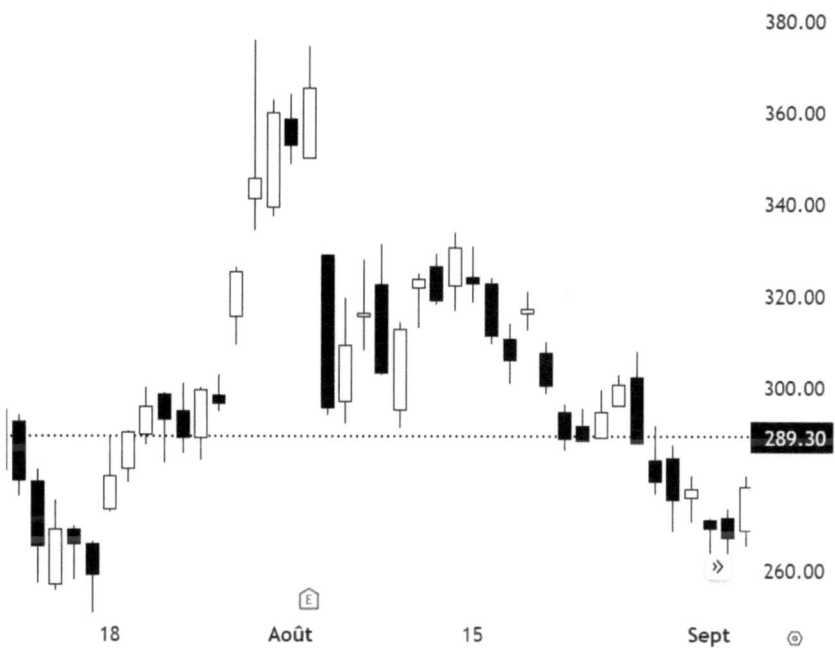

2 – 4 Les harami

Les « harami » sont des structures de retournement plus complexes que les précédentes. Leur probabilité de sortie comme indiquée est plus faible que pour les structures de retournement précédentes. Il est régulièrement nécessaire d'attendre plusieurs clôtures pour la valider. La raison est principalement que les bougies 2 – bougie pivot – et 3 sont moins fortes que dans les cas précédents. Elles donnent néanmoins de bons résultats si on suit les recommandations à venir.

<u>2 – 4 – 1 Le harami haussier</u>

La structure apparaît en bas d'un mouvement baissier comme dans la configuration ci-dessous :

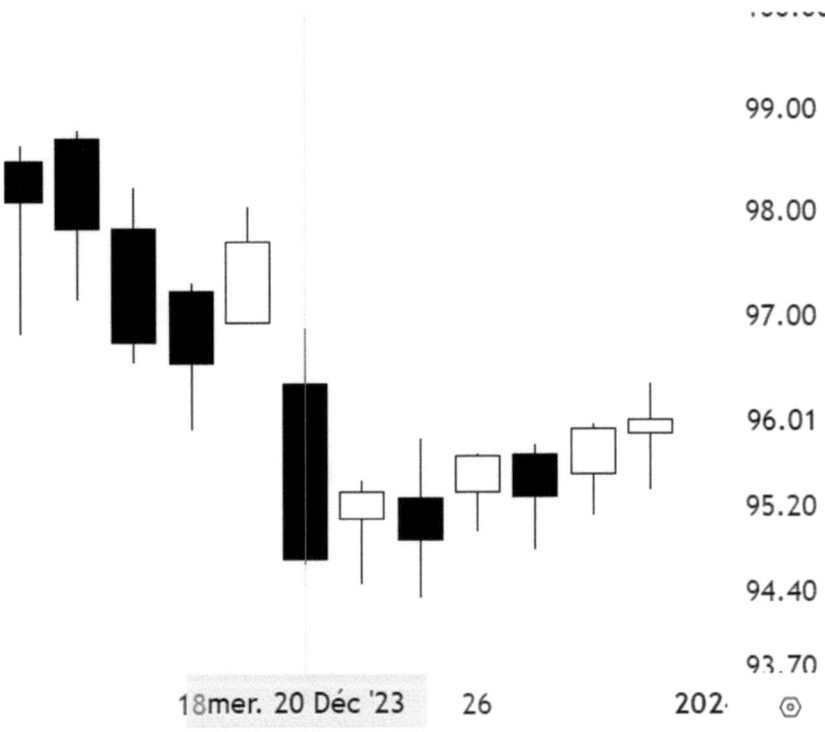

La bougie noire à long corps sans mèche basse du 20 décembre vient après une séquence baissière. Le lendemain, les acheteurs regagnent du terrain : le corps de la bougie est englobé dans celle de la veille. On ne baisse plus. La longue mèche basse, la courte mèche haute et la couleur blanche de la bougie marquent la reprise en main du marché de l'actif par les acheteurs. Néanmoins, la bougie suivante fait replonger le marché dans l'indécision. Le marché repart doucement à la hausse avec une alternance de bougies blanches et noires. Après six bougies, on n'est pas encore revenu au niveau d'ouverture de la bougie noire du 20 décembre.

Il manque donc une condition importante pour que le retournement s'effectue. La force acheteuse est insuffisante, ce que traduit la clôture du 21 décembre. La condition minimale de réussite du retournement est que la clôture de la bougie dépasse le milieu du corps de la bougie noire précédente.

Dans la configuration suivante, la situation va s'éclaircir plus rapidement.

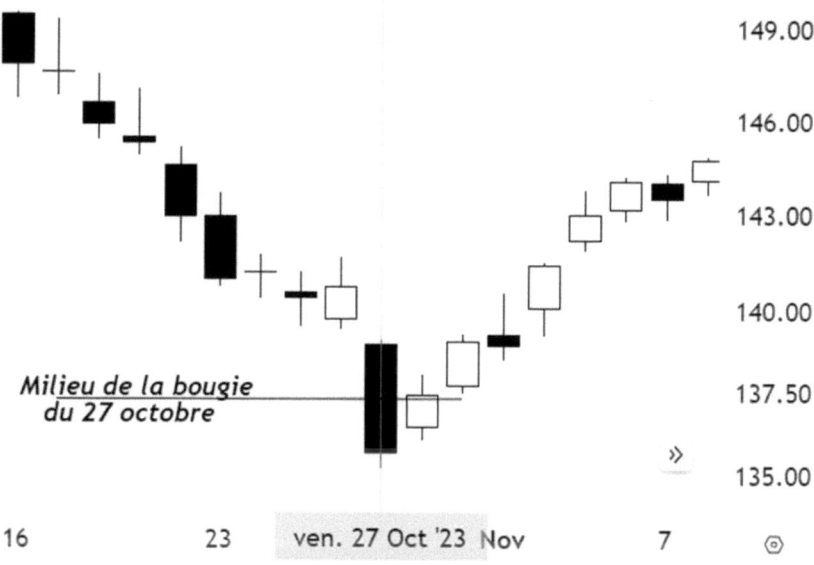

La bougie du 27 octobre présente les caractéristiques indiquées ci-dessus. Le corps de celle de la séance suivante est bien englobé dans le corps de celle du 27 octobre. Néanmoins, dans ce cas, le corps blanc est plus important et, surtout, la clôture se fait au-dessus du milieu de la bougie noire. On sent plus de force du camp acheteur que dans la configuration précédente. De plus, la bougie suivante est également blanche et sa clôture se fait juste au-dessus du cours d'ouverture de la bougie du 27 octobre. À partir de là, le mouvement haussier peut se développer favorablement. La force et le positionnement de la troisième bougie sont déterminants.

On peut alors considérer le harami haussier, dans un premier temps, comme une pause dans la dynamique baissière, les acheteurs commençant à « pointer leur nez ». C'est plus une structure d'alerte qui doit être confirmée par les bougies suivantes. On voit dans l'exemple suivant que le harami en place le 10 mars, qui respecte les prérogatives de la structure, est rapidement mis à mal par les vendeurs. Le retournement s'est réalisé sur 6,68 mais les acheteurs n'avaient pas la détermination suffisante pour franchir la résistance à 7,25. Le mouvement baissier a alors repris. Le 22 mars, un mouvement similaire se remet en place. Le support à 6,68 est cassé avec un marubozu. Le lendemain, un nouveau harami haussier donne de l'espoir aux acheteurs mais la clôture de la bougie est trop basse, sous le milieu du corps de la précédente. La bougie suivante confirme la mainmise du camp vendeur.

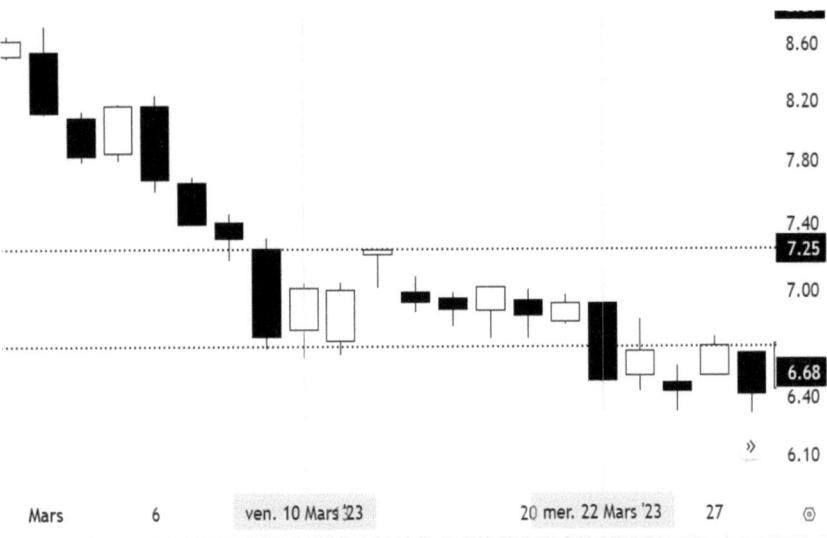

On considère souvent qu'une structure particulière qui est le « harami en croix » est plus favorable au retournement. L'affirmation n'est pas convaincante à notre sens. Cette structure correspond à une bougie de retournement qui est un doji comme dans la configuration suivante. Cependant, il faut que la bougie suivante soit d'une grande force. Dans le cas contraire, on ouvre plutôt une situation d'incertitude.

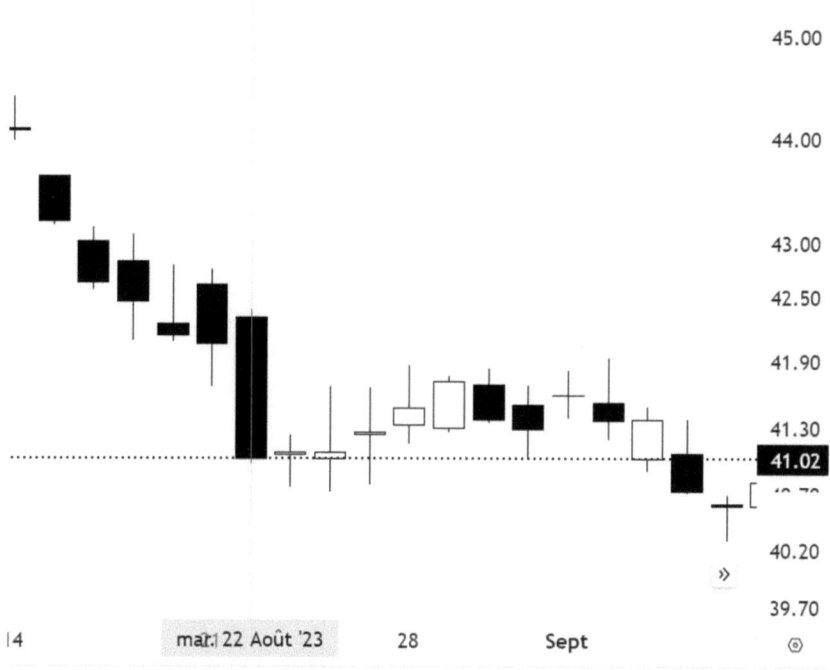

Le 22 août, un quasi « marubozu » qui clôture sur le support à 41,02. Il semble indiquer une grande force du camp vendeur. La bougie suivante est un doji qui ne respecte pas les caractéristiques du harami. De fait, les acheteurs peinent à convaincre : on n'arrive même pas, en plusieurs séances, à dépasser le milieu du marubozu. Le mouvement baissier reprend ses droits quelques séances plus tard par la rupture du support à 41,02.

On doit donc considérer le harami haussier avec beaucoup de prudence. C'est certainement plus une structure d'alerte d'un possible retournement que du retournement lui-même. Il convient d'être prudent, d'attendre confirmation. Cette dernière peut venir, comme on l'a vu plus haut, du franchissement du niveau d'ouverture de la bougie noire qui a déclenché la structure. La condition du franchissement du milieu de la bougie précédente apparaît généralement décisive.

En fait, on a une structure moins forte que les précédentes. De ce fait, on est condamné à attendre une confirmation du retournement qui prendra le temps du retour d'une véritable conviction acheteuse.

2 – 4 – 2 Le harami baissier

Comme souvent, les structures baissières sont plus fortes que les structures haussières.

Un vieil adage boursier dit que « les marchés montent par l'escalier et descendent par l'ascenseur ». Cela signifie qu'ils descendent plus vite qu'ils ne montent. La peur est un phénomène plus fort ; les investisseurs pensent surtout à préserver leurs bénéfices plutôt que de prendre de nouveaux risques.

Le harami baissier se produit en haut d'un mouvement haussier établi. Il est l'inverse du harami haussier. La première bougie de la structure est une bougie blanche à corps important. La seconde, celle du retournement, a un petit corps englobé dans celui de la bougie blanche, comme dans la configuration précédente. Elle marque l'essoufflement du momentum haussier. Cependant, le corps n'atteint pas le milieu de la bougie noire et il faut attendre la bougie suivante pour donner le véritable signal baissier. Le retournement est alors significatif, comme en témoignent les quatre bougies noires suivantes seulement interrompues par un doji à petites mèches et corps blanc.

Très souvent, la bougie qui suit celle du retournement confirme le nouveau sens du mouvement. Il est plutôt rare d'attendre une bougie de plus, contrairement à ce qui se passe pour le harami haussier. C'est pour cela qu'il s'agit d'une structure plus fiable. La condition de réussite liée au positionnement par rapport au milieu de la bougie précédente est moins évidente dans le cas baissier. Il suffira d'attendre une séance supplémentaire pour être définitivement fixé.

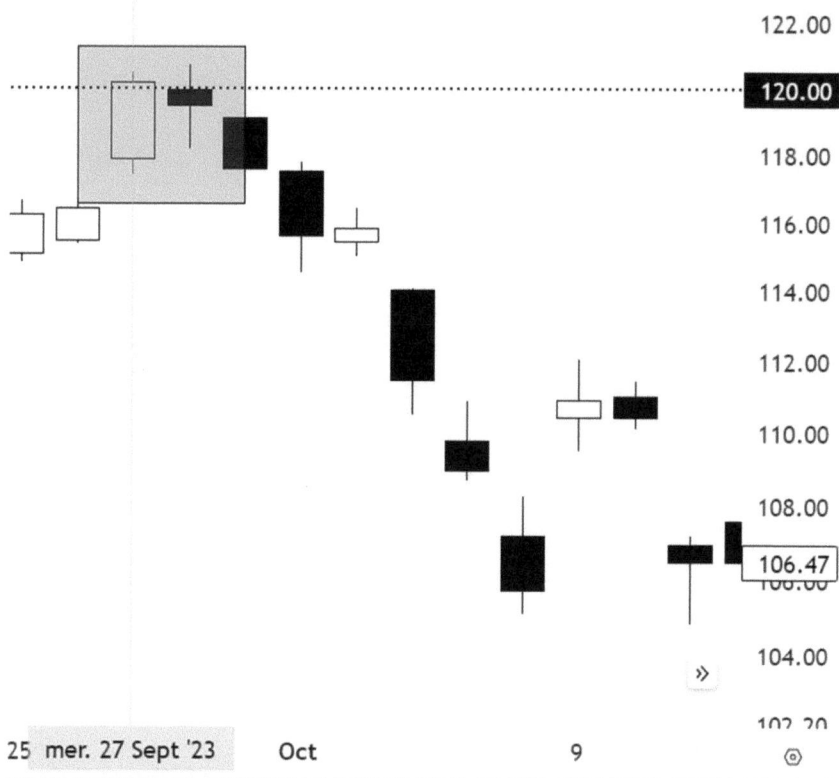

2 – 5 Marteau inversé et étoile filante

Le premier, en bas d'une tendance baissière, et la seconde, en haut d'une tendance haussière, donnent des signes d'un retournement à venir. Il faut les considérer comme des alertes sérieuses.

Le marteau inversé est une figure faible. Comme toujours, la structure baissière de l'étoile filante est plus significative d'un retournement à confirmer.

2 – 5 – 1 Le marteau inversé

Il correspond – comme son nom l'indique – à une figure inverse au marteau que nous avons déjà développé. Il se compose d'une bougie (peu importe la couleur) présentant un petit corps, une mèche haute significative et une mèche basse courte ou inexistante, comme sur le graphique ci-contre :

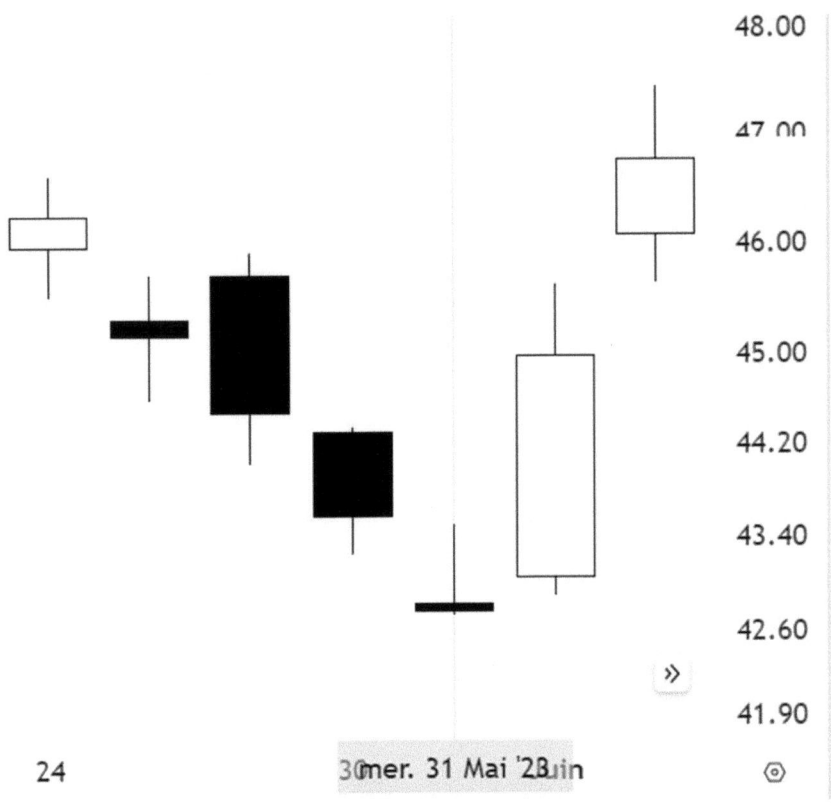

48.00

47.00

46.00

45.00

44.20

43.40

42.60

41.90

24   30   mer. 31 Mai '23   Juin

Le marteau inversé intervient en bas d'un mouvement baissier le 31 mai. Les cours ouvrent ce jour-là en gap baissier indiquant une poursuite de la baisse, mais rapidement les acheteurs reprennent la main, comblent le gap, mais les vendeurs finissent par reprendre le dessus et les cours clôturent à proximité du cours d'ouverture. Il s'est quand même passé quelque chose d'important ce 31 mai, à savoir que le camp acheteur a montré sa présence même s'il n'a pas eu gain de cause en clôture. Le mouvement baissier est clairement affaibli : cependant, on vient clôturer en dessous de la clôture précédente. La réponse viendra – comme souvent – la séance suivante. Les acheteurs montrent leur force, les vendeurs réagissent peu comme en témoigne la petite mèche basse et le long corps blanc qui propulse les cours en clôture au-dessus de l'ouverture de la bougie noire du 30 mai.

La réaction, dans les jours qui suivent le marteau inversé, est évidemment déterminante.

Dans la configuration suivante, le marteau inversé se produit le 24 août sur le support à 60,05 et après un mouvement baissier bien construit. Les vendeurs reprennent la main après six séances d'indécision, sans possibilité de franchir la résistance pourtant proche à 60,72. Ces séances sont ponctuées de doji, de bougies à petit corps qui marquent l'indécision et un combat rude entre acheteurs et vendeurs dans une tranche de prix étroite. Le support à 60,05 est finalement cassé le 31 août et la tendance baissière reprend.

2 – 5 – 2 L'étoile filante

Elle apparaît en haut d'un mouvement haussier. C'est une bougie qui – idéalement – a un petit corps (la couleur n'a pas d'importance) qui ne présente pas de niveau commun avec la bougie précédente (on pourrait parler de « gap de corps ») et une mèche haute significative. Dans le cas d'un mouvement haussier, l'étoile filante ouvre au-dessus de la clôture précédente, les cours continuent à progresser, puis les vendeurs commencent à marquer leur présence, repoussent les acheteurs et la clôture se fait proche du niveau d'ouverture. Il s'agit d'une véritable alerte pour le mouvement haussier qui devra – bien sûr – être confirmée la séance suivante.

Dans la configuration ci-dessous, la bougie du 31 mai a les caractéristiques de l'étoile filante en haut de tendance haussière.

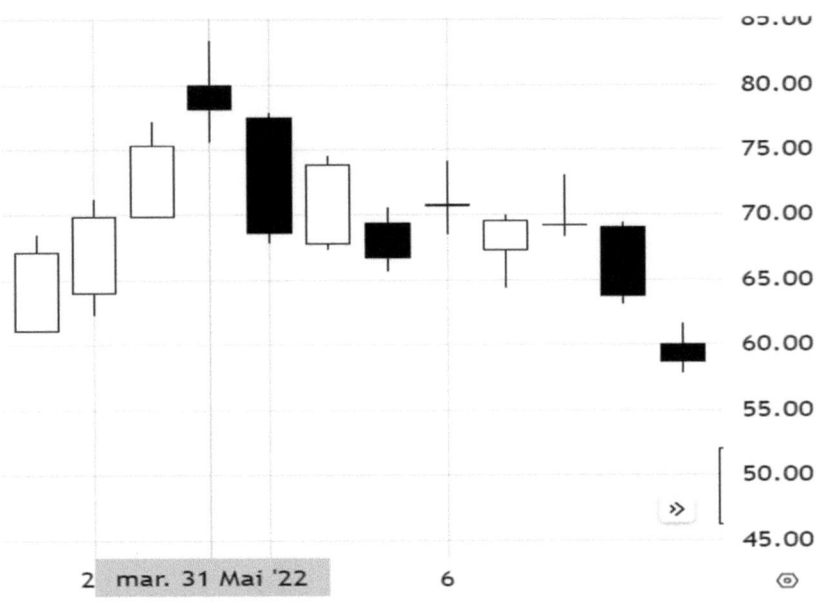

La confirmation peut néanmoins demander un peu de temps, comme dans la configuration suivante :

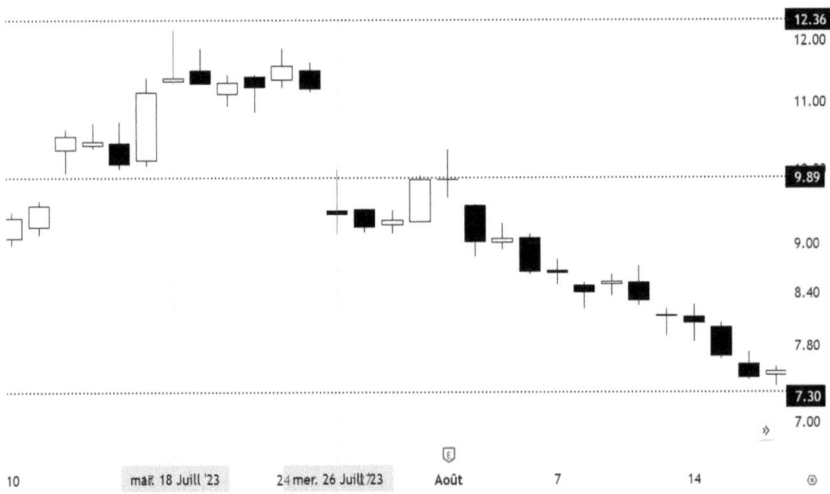

On a bien une étoile filante le 18 juillet, mais les bougies suivantes n'apportent pas de confirmation et marquent une certaine indécision et il faut attendre le gap baissier ouvert le 26 juillet pour que les prix partent réellement à la baisse.

Les étoiles filantes peuvent se succéder comme dans le graphique suivant avec des caractéristiques qui peuvent être différentes. L'étoile filante 1 apparaît le 7 février au contact de la résistance à 12,07, qui avait déjà repoussé les cours en août et septembre de l'année précédente. On est en présence d'une « étoile doji » suivie d'une longue bougie noire qui vient confirmer le nouveau rejet de la résistance. L'étoile filante qui actait l'incapacité du franchissement de 12,07 était un indicateur fiable du rejet à venir.

Après consolidation, une deuxième attaque des résistances à 12,07 et 12,67 se produit autour du 7 mars et une nouvelle étoile filante anticipe un nouveau rejet. La mèche haute est très importante, montrant une forte présence vendeuse sur 12,67.

Après une nouvelle consolidation, le marché est reparti à l'attaque de 12,07. Une troisième étoile filante, le 27 mars, a consacré un nouvel échec des acheteurs. À cette occasion, les acheteurs ne se sont pas aventurés sur 12,67 compte tenu de ce qui s'était passé début mars.

Enfin, la quatrième étoile filante le 18 avril se situe à un niveau sensiblement inférieur aux précédentes. Elle marque un découragement du camp acheteur. Quelques jours après, un gap baissier va renvoyer les cours sous le support à 9,80 et le mouvement baissier va se poursuivre.

2 – 6 Sommets et creux en pince

Ce sont des structures qui se produisent en haut ou en bas de mouvement, souvent au contact de supports ou de résistances.

Les obstacles sont testés une première fois, les cours consolident puis reviennent tester à nouveau l'obstacle. Cela se produit souvent deux fois, mais il est aussi possible que les attaques des obstacles se produisent trois ou quatre fois avant que l'échec de franchissement (résistance) ou de cassure (support) soit consommé.

Il est cependant important qu'il n'y ait pas trop de séances entre les attaques et que les consolidations intermédiaires ne soient pas trop profondes afin de ne pas décourager le camp attaquant.

2 – 6 – 1 Sommet en pince

Le graphique suivant donne deux exemples de ce type de structure :

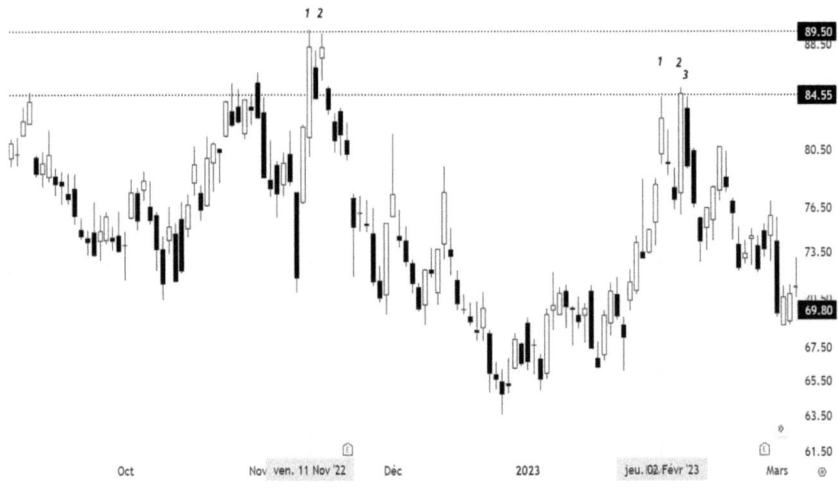

Une première attaque de la résistance à 89,50 se produit le 11 novembre. Le lendemain apparaît un harami baissier qui clôture au plus bas de la séance, sous le support à 84,55, laissant augurer une poursuite de la baisse. Le contrepied est pris le lendemain. On se rappelle au passage le caractère prudent de l'auteur concernant les harami et la nécessité d'être patient pour attendre la confirmation. La bougie 2 revient tester la résistance à 89,50 et ce n'est que le lendemain qu'une bougie noire, ouvrant un gap baissier, confirme l'échec sur la résistance en clôturant bien en dessous du support à 84,55.

Début février, la même situation survient avec un premier contact le 2 avec la résistance à 84,55. Après consolidation, les cours reviennent tester (bougie 2) la résistance. Le lendemain s'ouvre un nouvel harami baissier (bougie 3). Durant la séance, un troisième test de 84,55 est réalisé en mèche. Le harami clôture bien en dessous de la bougie 2 et la baisse reprend ensuite.

Les échecs successifs sur les résistances sapent progressivement la volonté des acheteurs, comprenant que le camp vendeur défendra ces niveaux et qu'il est capable de générer plus d'ordres vendeurs que ne sont capables de faire les acheteurs. Cela fait, comme beaucoup de structures de retournement baissier, des structures fiables.

Dans l'exemple suivant, ce ne sont pas moins de six tentatives qui sont nécessaires pour entériner l'échec du franchissement de la résistance à 114,61. Cela est certainement rendu possible par le fait que les consolidations intermédiaires sont peu profondes et ne sapent pas la détermination des acheteurs. C'est finalement la bougie rouge puissante du 5 décembre qui casse violemment le support à 109,97 et scelle le sort du camp acheteur.

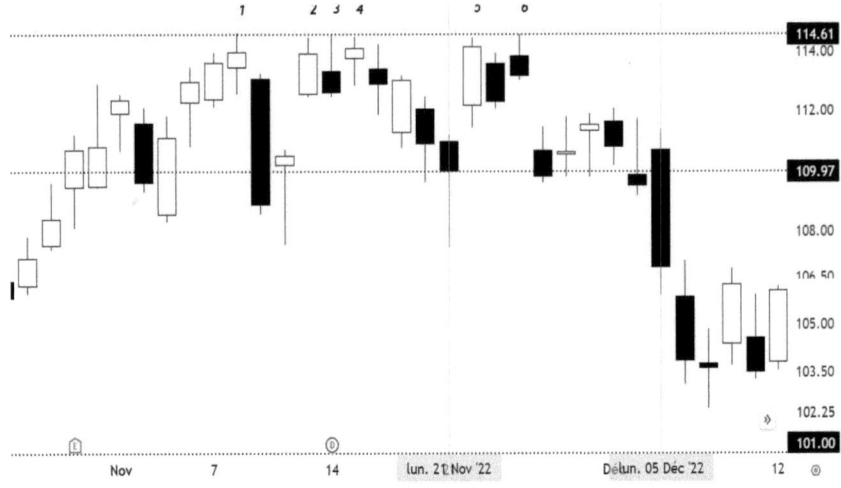

La structure de sommet en pince est en fait la conjugaison de deux phénomènes :

– Le test d'une résistance à deux ou plusieurs reprises
– Une figure de retournement qui clôturera la séquence.

On a vu ci-dessus des structures de harami.

On verra ci-après une englobante baissière. Le premier test de la résistance à 158,14 se déroule le 15 juin. Lors de la séance suivante, les vendeurs reprennent violemment le contrôle de l'actif et la bougie noire englobe les deux bougies blanches précédentes. Il s'agit d'une structure forte de retournement baissier.

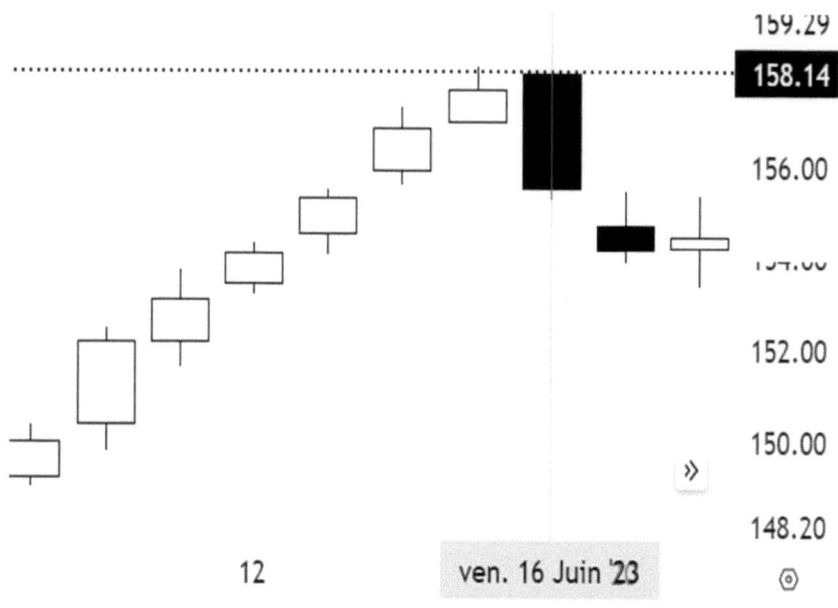

2 – 6 – 2 Creux en pince

Il se produit en bas de séquence baissière, lorsque sur des séances proches, on réalise des plus bas quasiment au même niveau. Ces plus bas peuvent être atteints sur des clôtures ou sur des mèches. Cela signifie que le camp acheteur a décidé de défendre le niveau concerné.

La deuxième bougie peut être une pénétrante, un harami, un marteau... toute structure que l'on a pu détailler précédemment et qui marque un changement de mainmise sur le marché de l'actif.

Le graphique suivant illustre la configuration :

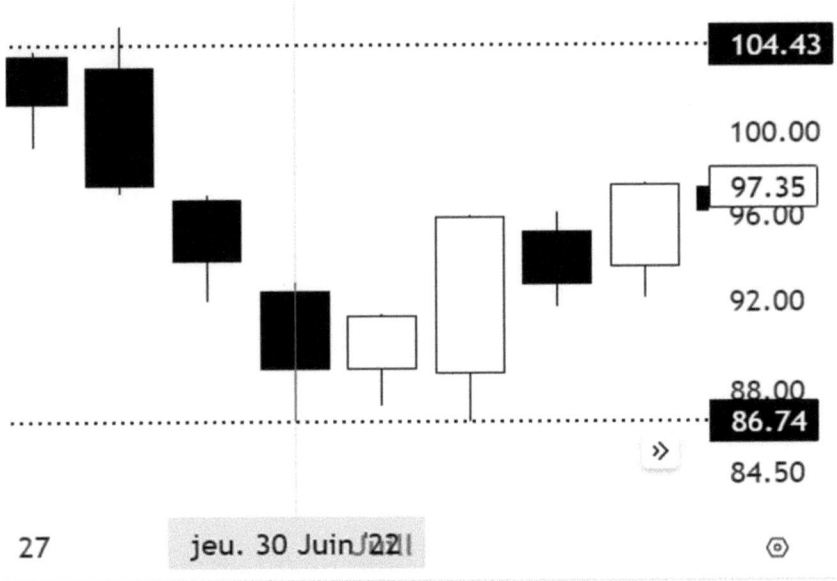

104.43

100.00

97.35
96.00

92.00

88.00
86.74

84.50

27   jeu. 30 Juin 22

En bas du mouvement baissier, la bougie noire du 30 juin est venue tester le support à 86,74. Le lendemain, un harami haussier (qui clôture au-dessus du milieu de la bougie précédente) a une mèche basse qui vient très près du support. La bougie suivante est une variante d'englobante qui avale les corps des deux bougies précédentes et sa mèche basse est allée tester le support. Il est clair que les acheteurs ont défendu le support à 86,74. La mèche basse du 30 juin était une première défense. Le harami suivant a montré leur détermination mais le combat demeurait serré entre acheteurs et vendeurs. La troisième bougie a scellé le sort des vendeurs.

Le graphique suivant présente trois situations différentes de creux en pince :

Le 9 mai, la bougie noire vient tester le support à 120,61. Le lendemain, un doji en croix semble donner espoir aux acheteurs malgré une forte indécision due à la forme de la bougie. La bougie suivante, noire, vient retester le support avant que la quatrième, blanche, dont la mèche basse ne teste pas le support, confirme le retournement.

Le 23 juin, le support à 129,28 est testé quasiment en clôture de séance, augurant une poursuite de la baisse. Une englobante infirme cela le lendemain.

Enfin, le 6 juillet, le test du support à 131,78 est suivi d'un marteau inversé puis d'une englobante haussière.

Le dernier exemple montre qu'il faut parfois attendre plusieurs séances entre les deux creux. Cela montre une situation particulièrement incertaine. La forme des bougies intermédiaires traduira cette bataille âpre et incertaine entre acheteurs et vendeurs.

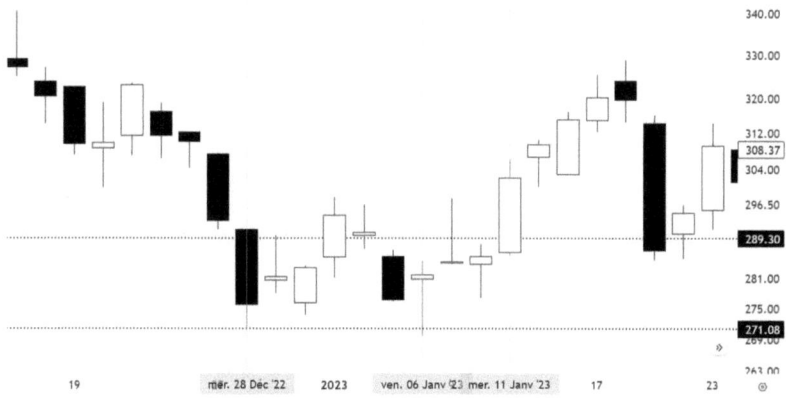

Dans la configuration ci-avant, suite à un mouvement baissier, la bougie noire du 28 décembre présente un long corps et une mèche basse significative qui vient tester le support à 271,08. Cette mèche basse est déjà un indice de défense du niveau par le camp acheteur. Le harami du lendemain n'apporte que des incertitudes. Il a la forme d'un doji et – surtout – la longue mèche haute montre la présence forte des vendeurs qui, eux, défendent la résistance à 289,30. Il clôture sous le milieu du corps de la bougie précédente. La résistance à 289,30 semble devoir être franchie le surlendemain, mais les vendeurs résistent, la baisse va reprendre pour un nouveau test du support le 6 janvier. Les deux bougies suivantes sont un marteau inversé suivi d'un doji avec une longue mèche basse, ajoutant encore plus d'incertitude. Il faudra la bougie dynamique du 11 janvier pour consacrer, enfin, la victoire des acheteurs.

2 – 6 – 3 Structures de double sommet/double creux

Ces structures peuvent être considérées comme proches des sommets et creux en pince.

Dans ces derniers, il était nécessaire que les contacts avec les plus hauts ou les plus bas se fassent dans un même mouvement, à quelques séances d'intervalle.

Les structures de double sommet et de double creux exploitent le comportement des investisseurs après un retour sur un extrême de marché qui avait déjà repoussé les cours quelque temps auparavant.

a) Structure de « double sommet »

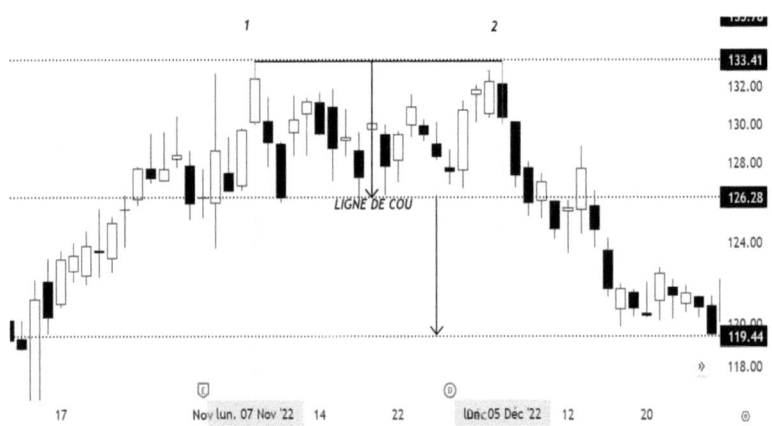

56

Un mouvement haussier se développe et les cours ne parviennent pas à franchir la résistance à 133,41 après un premier contact le 7 novembre. Un retournement s'opère qui trouve un support sur 126,28. Le mouvement haussier reprend sur ce niveau et se poursuit dans la zone 126,28/133,41 avant qu'un deuxième contact se produise le 5 décembre avec la résistance à 133,41. Le nouvel échec sur ce niveau va conduire à la rupture du support à 126,28 et valider ainsi une figure de « double sommet ». La ligne de support à 126,28 est la « ligne de cou ». L'objectif est le report vers le bas de la hauteur « double sommet/ligne de cou », soit 119,44, niveau qui sera atteint quelques séances plus tard. Cette structure se produit en haut d'un mouvement haussier qu'elle vient conclure et retourner. Son interprétation est la suivante : les « gros investisseurs » ont le sentiment que le mouvement haussier est arrivé à son terme et veulent sortir leur (souvent importante) position de la manière la plus discrète afin de ne pas laisser le marché baisser trop fortement s'ils mettent des titres en trop grosse quantité d'un coup. La vente s'effectue progressivement (sur près d'un mois dans le cas précédent). Lorsque le maximum de titres qu'ils souhaitaient est vendu et que la structure est décelée par le marché, d'autres investisseurs vendent à leur tour et provoquent la rupture de la ligne de cou. On nomme ainsi cette séquence et cette zone de range entre le double sommet et la ligne de cou : « zone de distribution », les gros investisseurs « distribuant » leurs titres.

b) Structure de « double creux »

Le principe est le même en bas de mouvement baissier, comme illustré ci-dessous :

Le mouvement baissier trouve un premier creux le 12 mai sur le support à 9,80. Les prix ont du mal à rebondir. Ils parviennent le 24 mai à tester le niveau de 11,76 sur lequel les vendeurs reprennent le contrôle, et les cours vont tester le 1ᵉʳ juin un support à 9,92 très proche du creux précédent sur lequel se produit un nouveau rebond. Le franchissement le 8 juin de 11,76, qui est la ligne de cou, valide la structure de double creux dont l'objectif est le report de la ligne de double creux au-dessus de la ligne de cou à 11,76, soit 13,93.

On notera, et on y reviendra dans la seconde partie de l'ouvrage, que le point le plus important de cette structure est le franchissement de la ligne de cou en clôture de séance. Dans le dernier exemple, le 24 mai, les vendeurs ont repris la main sur ce qui deviendra la ligne de cou ; sur le même niveau, le 8 juin, les acheteurs ont repris la main, ce qui correspond à un changement de polarité du marché sur ce niveau de 11,76. Le marché était vendeur le 24 mai, il devient acheteur le 8 juin.

Cette structure se produit quand, en bas de mouvement baissier, on rencontre deux bougies, l'une noire et la suivante blanche qui ont la même clôture.

À l'inverse, en haut de mouvement haussier, elle correspond à deux bougies, l'une blanche et la suivante noire avec la même clôture.

Ces mouvements de retournement peuvent s'avérer violents du fait d'une situation d'excès, notamment en haut de mouvement haussier comme dans la situation suivante :

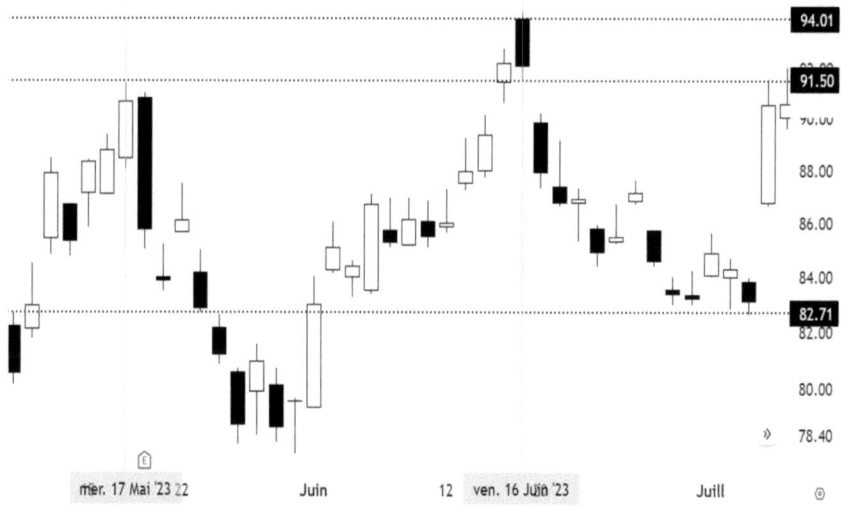

Le marché est allé tester le 17 mai la résistance à 91,50. Le contact a entraîné une réaction forte des vendeurs avec la bougie suivante qui réalise un avalement baissier des trois bougies précédentes.

Après consolidation, les cours reviennent le 15 juin retester et même franchir cette résistance en ouvrant un gap haussier. Les vendeurs reviennent à nouveau en force. Le 16 juin, l'ouverture se fait encore plus haut à 94,01, mais ils ne progressent quasiment pas et la pression vendeuse prend très rapidement le dessus et la clôture se réalise au même niveau que la veille : une séance pour rien, en termes de valorisation, si ce n'est que la confiance est revenue dans le camp vendeur. La séance du 16 juin a été un gros revers pour les acheteurs en plein mouvement haussier ponctué par un gap haussier la veille.

Les cours ont commis un excès à l'ouverture et peu d'acheteurs ont accepté de prendre le risque de continuer. Cette pénurie d'acheteurs a incité des investisseurs en position à prendre des gains, entraînant la chute des cours tout au long de la séance.

Le graphique suivant présente une situation de ligne de contre-attaque haussière :

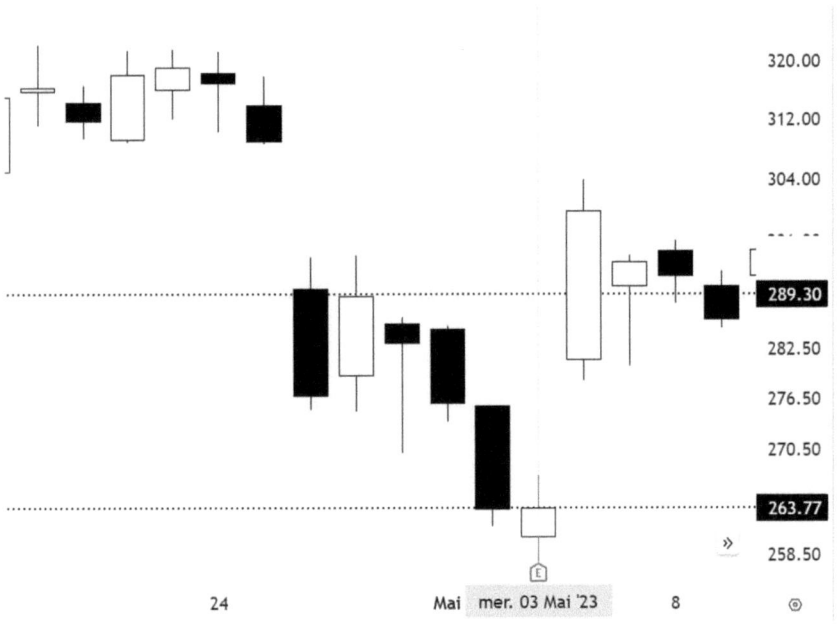

Après un mouvement baissier, les cours viennent le 2 mai tester le support à 263,77. Le 3 mai, les cours ouvrent sous le support, continuent d'abord de poursuivre le mouvement baissier, puis les acheteurs reprennent la main jusqu'à une clôture au support à 263,77. Le lendemain, un gap haussier important est ouvert, suivi d'une bougie blanche présentant un grand corps. Les acheteurs ont repris le contrôle.

Le fait que les cours puissent revenir clôturer au même niveau que la clôture de la veille se produit généralement quand ce niveau est un support important. Il en est de même avec les lignes de contre-attaque baissières au contact d'une résistance. Ces niveaux majeurs sont des mémoires de marché qui attirent les cours et sur lesquels se font les décisions de contrôle de l'actif entre les camps acheteur et vendeur. Les lignes de contre-attaque peuvent être considérées comme des variantes des pénétrantes ou des couvertures en nuage noir pour lesquelles la bougie de retournement n'a pas pu rentrer dans le corps de la bougie précédente.

2 – 8 *Sommets et creux en tour*

Ces structures se développent généralement sur cinq ou six bougies. Elles correspondent à un affaiblissement important de la tendance primaire : le momentum se réduit et les clôtures ne marquent plus d'évolution notable jusqu'à ce qu'une bougie de corps important de la couleur opposée au mouvement en cours vienne acter le retournement.

2 – 8 – 1 Sommet en tour

Il est représenté par le graphique ci-après :

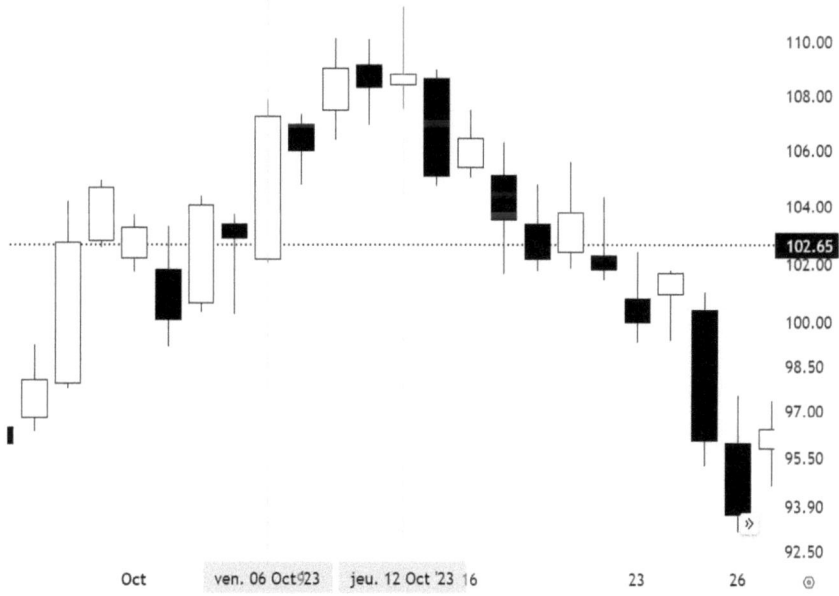

Dans le mouvement haussier, la bougie blanche puissante du 6 octobre laisse entrevoir la poursuite de la dynamique. La bougie du lendemain est noire mais elle n'est pas forcément inquiétante. En effet, après une bougie comme celle de la veille, il n'est pas étonnant que l'on assiste à quelques prises de bénéfices. De plus, la mèche basse montre que les acheteurs maîtrisent la situation. Les bougies suivantes marquent, elles, un véritable essoufflement de la dynamique. Celle du 12 octobre est une étoile filante qui ne présage rien de bon et – effectivement – le lendemain, une bougie noire avec un grand corps et de très petites mèches (proche d'un marubozu) signe la prise de contrôle par les vendeurs.

On notera aussi l'exemple suivant avec des mouvements violents sur les deux tours. Ce graphique est en données hebdomadaires, ce qui accentue la dynamique des mouvements.

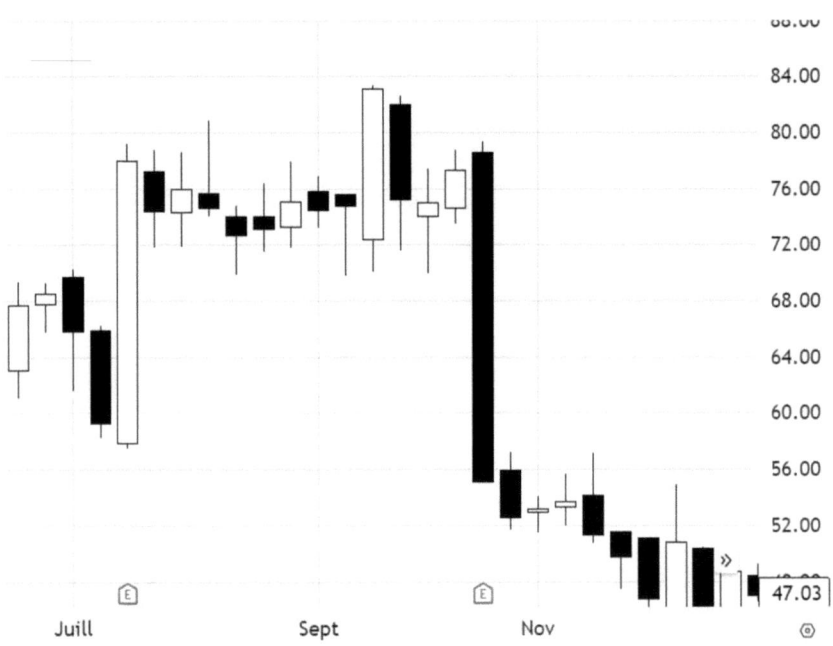

2 – 8 – 2 Creux en tour

La structure est illustrée par le graphique suivant :

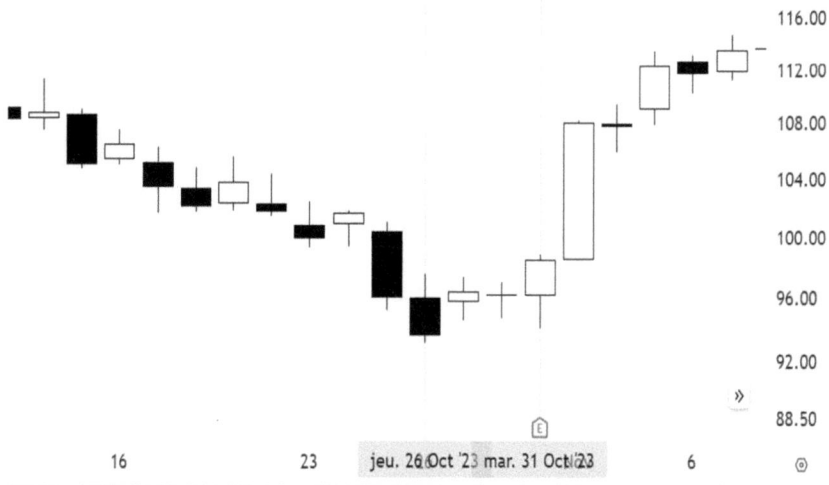

Un mouvement baissier s'est développé durant la deuxième quinzaine d'octobre. La bougie noire du 26 octobre donne le sentiment de la poursuite de la forte pression baissière : les cours ont clôturé proches du plus bas de la séance. Cependant, le lendemain, les acheteurs reviennent en force. La séance ouvre à un niveau proche de l'ouverture de la bougie noire de la veille, ce qui est déjà une preuve de reprise en main du camp acheteur. Sur ce niveau, les vendeurs tentent une contre-attaque qui s'avère vaine car la bougie clôture avec un petit corps blanc. Ce dernier ne confirme pas la victoire définitive des acheteurs. La séance suivante s'achève par un doji, signe encore d'incertitude partiellement levée le 30 octobre et c'est le « marubozu » du 1er novembre qui donne définitivement le nouvel élan haussier.

Les structures en tour montrent un véritable combat entre acheteurs et vendeurs qui dure plusieurs séances, aucun des deux camps ne parvenant à s'imposer. Quand, à la fin, un camp s'impose, le renoncement du camp adverse donne naissance à une bougie avec un long corps par manque d'intervenants adverses et/ou sous l'impulsion de nouveaux investisseurs souhaitant accompagner le nouveau mouvement.

Le graphique suivant donne une autre vue de la structure avec les deux bougies principales qui forment la tour les 19 septembre et 17 octobre. On note également la structure de creux en pince au niveau du support à 279,87.

2 – 9 Sommets et creux arrondis

Ils sont souvent désignés par leur appellation anglaise : « rounding top » et « rounding bottom ». Ce sont des structures qui peuvent être assez longues dans le temps, la décision définitive du retournement se réalisant après une longue période d'incertitude et de combat entre les deux camps.

Il est décrit dans le graphique suivant :

Un mouvement baissier prend forme à partir du 4 mai. Les cours trouvent un support quelques jours après autour de 154. Les cours vont évoluer durant deux semaines dans cette zone, acheteurs et vendeurs prenant tour à tour le dessus. Plusieurs bougies d'indécision en forme de marteau ou de doji confirment l'intensité du combat. Ce n'est que le 1er juin que le camp acheteur prend le dessus d'une manière très dynamique en ouvrant un gap haussier. Après une dernière tentative, la veille, de la part des vendeurs avec une bougie noire de corps de belle taille, ce camp renonce finalement. Cette dernière tentative pouvait néanmoins inquiéter le camp acheteur car elle avait la forme d'une englobante baissière.

2 – 9 – 2 Sommet arrondi

On retrouve le phénomène directement symétrique à celui du creux arrondi, comme sur le graphique ci-après.

Le 20 mai, un mouvement haussier débute. Il va se poursuivre jusque dans la zone des 46 où commence une lutte âpre entre acheteurs et vendeurs. On retrouve les mêmes bougies d'incertitude que dans le cas précédent : petits corps de bougies, mèches significatives. L'indécision dure environ deux semaines avant que le 10 juin un gap baissier soit ouvert, consacrant la victoire du camp vendeur.

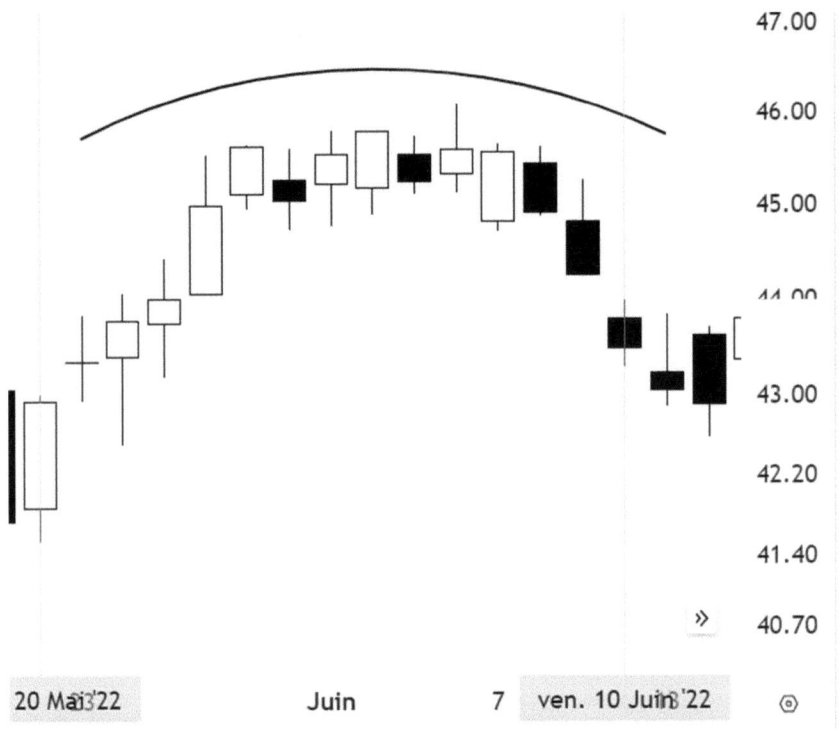

On note, comme dans les deux cas de sommet et de creux arrondi, l'ouverture de gaps dans le sens du nouveau mouvement. La lutte a été longue jusqu'à ce qu'un camp lâche subitement, entraînant l'ouverture de ces gaps.

C'est une figure de retournement efficace en fin de mouvement haussier ou baissier.

Dans le cas d'un passant de ceinture baissier, en haut de tendance, les cours ouvrent au-dessus de la bougie précédente, baissent toute la séance et clôturent au niveau du corps de la bougie précédente.

Le graphique ci-après illustre le passant de ceinture baissier :

Un mouvement haussier dynamique s'est développé. Les deux bougies blanches présentées ont des corps de taille significative et sont même séparées par un gap haussier.

Le 26 août, la séance ouvre sur un niveau plus élevé que la clôture de la veille, mais les vendeurs sont immédiatement à la manœuvre et les cours baissent tout le long de la séance au point de dessiner un marubozu avec un corps de grande taille. Les vendeurs ont complètement repris la mainmise sur l'actif et la baisse peut se poursuivre au cours des séances suivantes.

La configuration symétrique de passant de ceinture haussier est présentée ci-après :

Un mouvement baissier s'est développé jusqu'au 12 octobre. La bougie de cette séance était un doji qui commençait à marquer une certaine indécision quant à la poursuite du mouvement. La bougie du 13 octobre ouvre sensiblement sous la clôture de la veille et les cours progressent tout au long de la séance pour clore sur le plus haut et dessiner un marubozu. Les acheteurs ont repris la main sur les cours. La bougie du 13 octobre est également une englobante haussière.

On notera qu'il n'est pas nécessaire de dessiner un marubozu comme dans les deux exemples précédents. Le niveau d'ouverture est important, le fait de progresser au-delà de ce niveau et d'avoir un corps de taille significative est également important. On peut, par contre, tolérer une mèche haute pour un passant de ceinture haussier et une mèche basse pour un baissier.

Cette figure est peu fréquente mais très sûre.

Compte tenu de la taille des bougies de retournement, il est tout à fait classique que la bougie suivante soit de la couleur opposée du fait de prises de bénéfices suite à ces fortes progressions.

2 – 11 *Structure dite en « 3 corbeaux noirs »*

C'est une configuration baissière qui se produit suite à un mouvement haussier, comme sur le graphique ci-après.

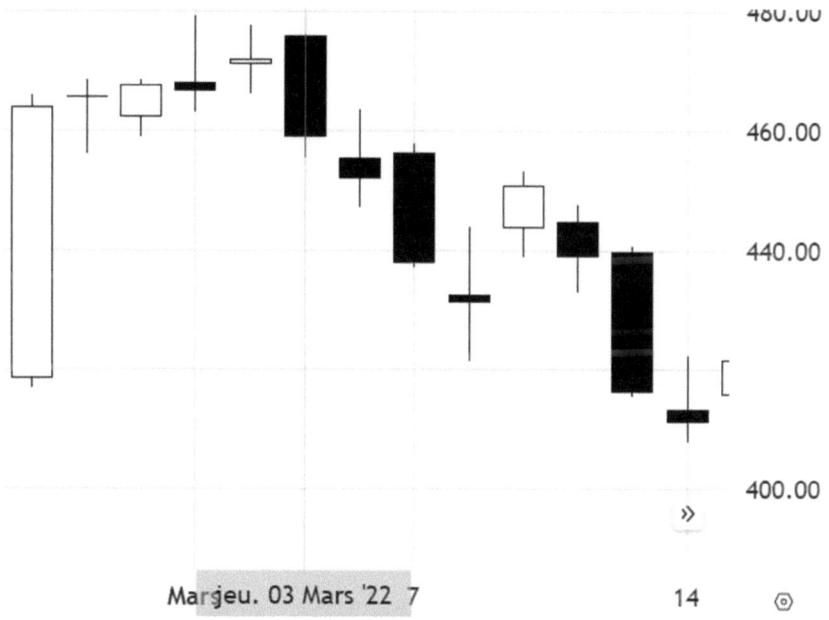

Le mouvement haussier faiblit suite à un quasi-marubozu. Les quatre bougies suivantes comprennent trois doji et une bougie à petit corps. Le 3 mars, les vendeurs reprennent la main et on assiste à trois bougies noires consécutives montrant la force du mouvement baissier. On verra ci-dessous que la couleur et le positionnement de la quatrième bougie sont importants pour anticiper la suite du mouvement. En la circonstance, c'est un doji dont le corps est positionné sous la clôture de la veille, soit dans le sens du mouvement.

Cette configuration est forte du fait de l'alignement de trois bougies noires successives qui montre le poids des vendeurs.

2 – 12 Structure en « porte drapeau »

Elle correspond à une structure dite de « 3 corbeaux noirs » que la quatrième bougie vient contrarier. Une dynamique haussière se met en place le 14 juillet. Les cours progressent jusqu'au 21 juillet. La bougie du 22 juillet ouvre en hausse par rapport à la clôture de la veille, les cours repartent à la hausse mais rapidement les vendeurs reprennent la main et les cours repartent à la baisse. La bougie du jour est une englobante baissière et les deux bougies suivantes présentent des corps noirs importants et de petites mèches haute et basse montrant un rythme de baisse soutenu. Malheureusement pour le camp vendeur, la quatrième bougie du 27 juillet n'est pas noire mais blanche pour former un harami haussier. Cet harami est convaincant car la clôture se fait proche de l'ouverture précédente. Les acheteurs ont pris la main et le mouvement haussier va pouvoir se développer.

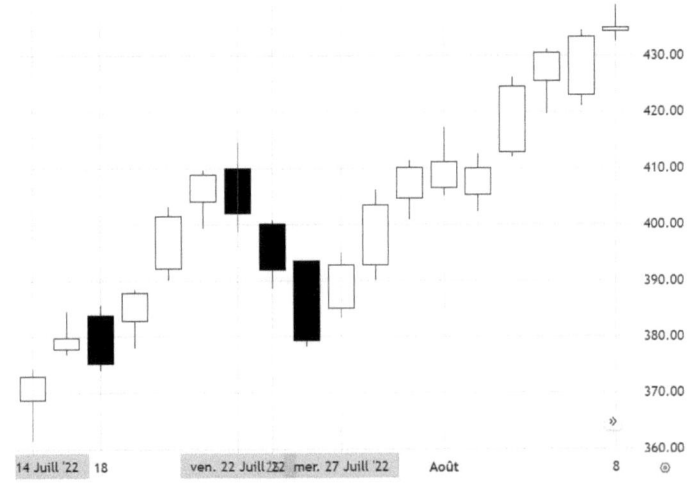

2 – 13 Structure dite « gap ascendant 2 corbeaux »

Cette structure est une variante des deux précédentes, car elle ne concerne que deux bougies noires en haut de mouvement haussier.

Le terme « gap » est un peu détourné de sa réalité en analyse technique car il ne concerne ici que les corps. La première bougie noire doit avoir un corps entièrement au-dessus de la clôture de la bougie blanche de la veille. La deuxième bougie noire doit avoir un corps qui englobe la précédente.

2 – 14 Les « doji »

En fin de partie consacrée aux structures de retournement, il est important de s'arrêter sur un type de bougie que nous avons rencontré à plusieurs reprises : les « doji ». En japonais, le terme fait allusion à « un danger soudain ».

Ce type de bougie présente une clôture identique à l'ouverture. Un petit écart entre les deux est admissible. **L'importance du doji est de marquer un arrêt dans le mouvement tendanciel** : le camp opposé marque sa présence forte.

Il est d'autant plus remarquable quand il se produit en haut d'une séquence haussière ou en bas d'un mouvement baissier. Plus la bougie précédente aura un corps important dans le sens du mouvement, plus l'apparition du doji sera significative. C'est un signal d'alerte majeur. Bien sûr, et comme toujours, la bougie suivante devra confirmer la force du camp opposé.

Un doji qui se produit au démarrage d'un mouvement haussier ou baissier sera rarement une figure de retournement mais plutôt une bougie d'indécision qui attend la confirmation de la poursuite de la tendance. De même, un doji qui suit des bougies à petits corps n'annoncera pas non plus un retournement certain mais la poursuite de l'indécision.

Un doji correspond à une lutte acharnée et indécise entre les deux camps.

On distingue plusieurs configurations particulières de doji. Nous les illustrerons et nous les interprèterons dans les paragraphes suivants :

2 – 14 – 1 Situation classique

Dans l'exemple ci-après, un mouvement haussier se développe jusqu'à l'apparition du doji le 19 août. Rien ne le laissait supposer. La séance ouvre juste en dessous de la clôture de la veille et les prix repartent aussitôt à la hausse jusqu'à ce que les vendeurs reviennent avec détermination et la clôture se fait au niveau de l'ouverture. Quelque chose a changé par rapport aux séances précédentes. La bougie du lendemain confirme cette crainte avec une bougie noire tout à fait significative de la reprise en main par le camp vendeur.

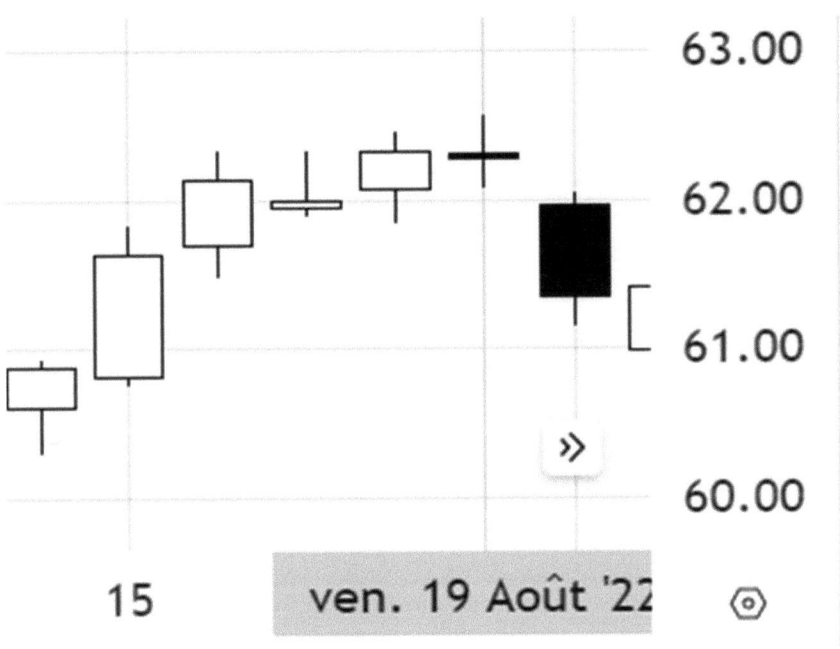

L'exemple suivant présente un doji en bas de tendance baissière.

Un mouvement baissier se développe jusqu'au 14 juillet, séance marquée par le test du support à 157,97. Ce jour-là, l'ouverture se fait sous la clôture de la veille, dans le sens du mouvement. Les vendeurs conduisent les cours jusqu'au support. Les acheteurs défendent avec force ce niveau et leur pression devient supérieure à celle des vendeurs qui sont repoussés jusqu'au niveau d'ouverture. La longueur de la mèche basse est signe de la volonté des acheteurs de défendre le niveau à 257,97. Le lendemain, 15 juillet, les acheteurs confirment leur reprise en main avec une bougie blanche à très faible mèche haute qui montre qu'ils sont restés fermes jusqu'à la clôture.

2 – 14 – 2 Le doji « pierre tombale »

Une forme caractéristique est le doji en « pierre tombale ». En haut de tendance, c'est un doji qui ne présente pas de mèche basse et une mèche

73

haute significative. Les acheteurs conservent la main après l'ouverture de la séance. À un moment, les vendeurs reviennent avec force dans le marché et repoussent les acheteurs à la clôture de la séance au même niveau que celui de l'ouverture.

On va voir dans la configuration suivante à quel point il porte bien son nom !

Le mouvement haussier évolue jusqu'au doji « pierre tombale » du 14 décembre. L'ouverture se fait au niveau de la clôture de la veille et les cours partent immédiatement à la hausse jusqu'à la prise en main par les vendeurs qui les ramènent au niveau du début de la séance. On n'a pas de mèche basse, ce qui montre qu'en fin de séance, les acheteurs n'ont pas été capables de reprendre du terrain. La confirmation arrive le 15 décembre avec une bougie noire de taille significative. Un doji « pierre tombale » s'avère être une bougie forte.

2 – 14 – 3 Les doji « longues jambes » et « porteur d'eau »

Ils ont la caractéristique de présenter des mèches haute et basse de taille similaire et de longueur significative. Ces dernières marquent une profonde indécision. Une variante est le doji « porteur d'eau » qui présente un petit corps, dont la couleur a peu d'importance.

Sur le graphique ci-après, le mouvement haussier semble être relancé par la bougie dynamique du 3 août. Le lendemain apparaît un doji porteur d'eau qui incite à la prudence : les mèches montrent un combat équilibré entre les deux camps, donc beaucoup d'indécision. Elle semble être levée le lendemain dans le sens de la baisse, mais les acheteurs vont reprendre la main le surlendemain. Il faudra attendre le gap baissier ouvert le 19 août et la bougie noire de cette séance pour confirmer le retournement du mouvement.

3 – Les structures de continuation

Au cours d'un mouvement tendanciel, il est courant que se produisent des périodes de consolidation. C'est même sain et nécessaire pour qu'il y ait toujours un mouvement de fond pour accompagner la tendance. Ces phases peuvent être courtes ou plus importantes.

Existent plusieurs configurations traditionnelles qui accompagnent les phases de consolidation courtes. Elles vont être présentées ci-dessous. Les situations de consolidation plus longues et les outils qui permettent de les gérer seront examinés dans la deuxième partie du livre.

Ces phases peuvent correspondre à :

– Des prises de bénéfices de la part d'investisseurs qui ne croient plus en la poursuite du mouvement compte tenu du niveau de prix atteint (prix trop élevé en situation haussière ou trop bas dans un mouvement baissier).

– L'absence de nouveaux acheteurs qui estiment qu'au prix atteint il n'y a plus d'intérêt à rentrer en position. Ils préfèrent justement attendre une consolidation et une offre de prix plus avantageuse avant de venir ou revenir sur le marché de l'actif.

– L'arrivée sous une résistance ou sur un support majeur qui sont des moments de vérité. Un contact avec ces niveaux correspond à une situation d'incertitude et de test du marché de la part des intervenants. Y a-t-il une majorité qui milite pour le franchissement de la résistance ou la rupture du support ? Y a-t-il une majorité qui estime que la résistance correspond déjà à une valorisation forte de l'actif ou faible du support et qui militent pour le rebond ?

Les situations qui vont être présentées ci-dessous correspondent à des réponses rapides à ce type d'interrogation du marché. Peu de vendeurs vont se manifester dans un mouvement haussier ; ils seront rapidement submergés par les haussiers qui auront, de plus, l'opportunité d'acheter dans de meilleures conditions que celles qu'ils avaient envisagées. Réciproquement, peu d'acheteurs vont se risquer dans un mouvement baissier à se mettre en face du mouvement et de sa puissance.
C'est ainsi que ces structures vont se dénouer en quelques bougies.

3 – 1 *Les trois méthodes ascendantes ou descendantes*

3 – 1 – 1 Les trois méthodes descendantes

Dans la configuration ci-dessous, un mouvement baissier qui semble bien établi après le 16 août, notamment du fait du gap entre les dernières bougies qui confirment la rupture du support à 298,70, aboutit le 23 août à un marteau inversé à corps blanc. C'est également un harami haussier et qui représente une alerte pour le mouvement baissier, d'autant plus que les deux bougies suivantes ont des corps blancs significatifs qui amènent les cours à tester la résistance à 298,70. Le lendemain, les vendeurs démontrent leur volonté de défendre cette résistance. Les cours ouvrent certes juste au-dessus de cette dernière, mais immédiatement les vendeurs tirent profit des difficultés du camp acheteur à franchir. On a ainsi une bougie noire qui est quasiment un marubozu du fait d'une mèche basse quasi nulle. C'est également une englobante baissière. Les trois méthodes descendantes correspondent à cette situation de mouvement baissier, consolidé par les trois bougies blanches des 23, 24 et 25 août et par la bougie noire du 26.

Il peut arriver qu'au contact de la résistance qui arrête la structure des trois bougies blanches, les vendeurs aient du mal à reprendre la main, ouvrant ainsi une séquence d'incertitude, comme dans le cas suivant. Le mouvement baissier amorcé par la bougie noire du 10 août permet la rupture du support à 124,38 et les cours vont chercher le support suivant à 114,72. Sur ce niveau, une consolidation se met en place : harami haussier du 20 août qui aboutit à un retour sur 124,38. Les vendeurs ont du mal à reprendre le contrôle de l'actif et une certaine indécision s'installe durant une dizaine de séances. Le mouvement est certes plutôt baissier mais rien n'indique si, finalement, le support de 114,72 pourra être cassé. Sa rupture le 7 septembre n'est pas confirmée les jours suivants et ce n'est que le 14 qu'elle peut être considérée comme effective.

3 – 1 – 2 Les trois méthodes ascendantes

On voit bien dans l'exemple suivant que cette structure représente souvent une interruption temporaire dans un mouvement tendanciel. Elle correspond régulièrement à une difficulté à franchir une résistance. La force acheteuse apparaît insuffisante dans un premier temps pour franchir l'obstacle. La formation des « 3 méthodes ascendantes » correspond à la tentative des vendeurs de rejeter cette résistance.

Le 18 mars, les cours ne parviennent pas à franchir la résistance à 19,55. La structure des 3 méthodes ascendantes se met en place le lendemain sous la forme d'un harami baissier. Le marteau, trois séances plus tard, annonce la fin de la consolidation qui sera confirmée par la reprise dynamique le 28 mars par le camp acheteur, suivie le lendemain par le franchissement de la résistance à 19,55 avec le signe de force représenté par le gap haussier.

Ce mode de franchissement de résistance est assez classique lorsque la dynamique haussière existe mais s'avère insuffisante à court terme.

3 – 2 La structure des « 3 soldats blancs »

Elle est intéressante dans le sens où elle marque la direction – haussière – et informe sur la force du mouvement. La forme des bougies qui constituent la structure des trois bougies blanches qui se suivent, en particulier en début de mouvement haussier ou suite à une période d'incertitude, permettra d'envisager les chances de la tendance de se poursuivre.

La structure des bougies et en particulier la taille des corps blancs témoigneront de la plus ou moins grande force du mouvement.

3 – 2 – 1 « Les 3 soldats qui avancent »

Cette structure montre une réelle force du mouvement naissant, comme le montre le graphique suivant :

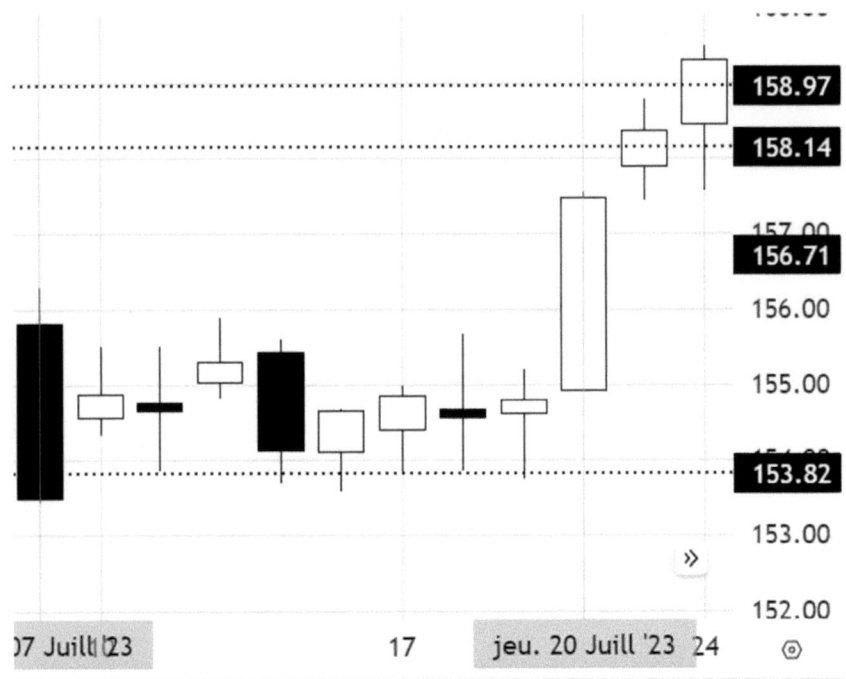

158.97
158.14
156.71
153.82

156.00

155.00

153.00

152.00

07 Juill 23   17   jeu. 20 Juill '23   24

Depuis le 7 juillet, les cours évoluent aux abords du support à 153,82. Ce support est solide comme le montrent les mèches basses sur la quasi-totalité des bougies. Les acheteurs sont bien décidés à le défendre. Cependant, ils n'arrivent pas à imposer leur volonté aux vendeurs qui vont résister jusqu'au 20 juillet. La bougie blanche qui est un quasi-marubozu (toute petite mèche haute) est décisive. La bougie suivante est moins forte. Cependant :

— Elle assure le franchissement en clôture de la résistance à 158,14.

— Son corps blanc est entièrement au-dessus de la clôture de la veille, ce qui est un signe de force.

La troisième bougie est plus forte que la précédente :

— Son corps est plus important.

— La longue mèche basse indique que les vendeurs ont bien essayé de reprendre la main mais, très vite, la dynamique haussière a repris le dessus.

— Elle permet le franchissement d'une autre résistance à 158,97.

On voit clairement que les mouvements, comme les trois soldats, avancent avec une bonne dynamique.

3 – 2 – 2 Avancée bloquée

On est là dans une structure moins forte. La structure des bougies va le démontrer dans la configuration suivante.

Elle correspond à une pause dans un mouvement tendanciel, souvent due à une avancée trop rapide des cours. Une « avancée bloquée » peut être assimilée à une pause ou une respiration dans un mouvement tendanciel.

Dans la configuration suivante, à partir du 7 novembre et le franchissement (timide) de la résistance à 50,90, le mouvement haussier va marquer une pause, et ce n'est que le 14 novembre et le gap très important avec la bougie blanche de la veille que la résistance à 53,35 est franchie. Une troisième bougie blanche marque une alerte :

– Elle ouvre certes un nouveau gap haussier mais la très longue mèche haute annonce une attaque baissière.

– Cette mèche haute correspond à l'échec du franchissement d'une résistance constituée par le gap baissier ouvert le 7 septembre précédent. Cet échec au comblement annonce une période d'incertitude.

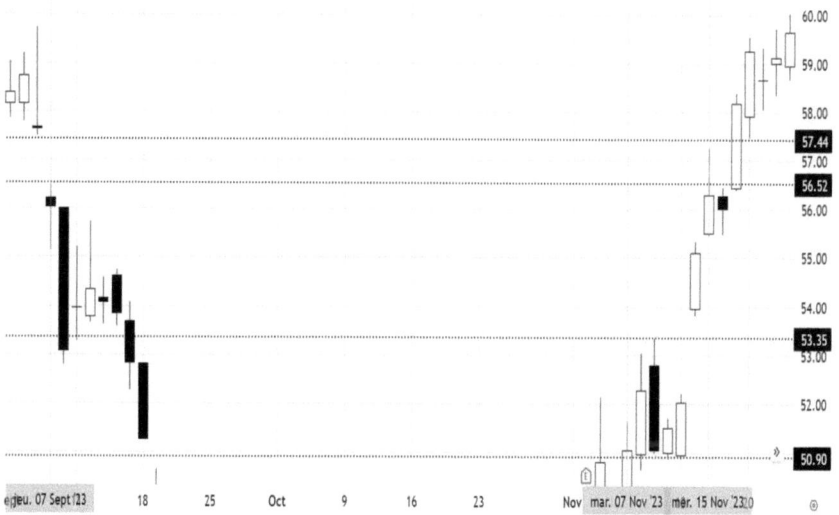

La bougie du 16 novembre est un harami baissier dont la configuration nécessite confirmation. En effet :

– Il présente un petit corps noir tout entier au-dessus du corps de la bougie du 15 novembre.

– La mèche basse de taille significative indique une forte résistance des acheteurs.

Effectivement, le lendemain, les acheteurs reprennent la main de manière convaincante :

– Ouverture au plus bas de la séance (et au-dessus du corps de la bougie noire précédente) et les cours clôturent proches des plus hauts de la séance.

– Comblement du gap évoqué ci-dessus.

– Franchissement de la résistance à 57,44.

Le mouvement haussier va ainsi pouvoir continuer à prospérer. L'avance aura été bloquée l'espace d'une séance mais reprendra avec force.

3 – 2 – 3 « Structure qui cale »

Cette structure marque un retournement du mouvement comme dans la configuration suivante :

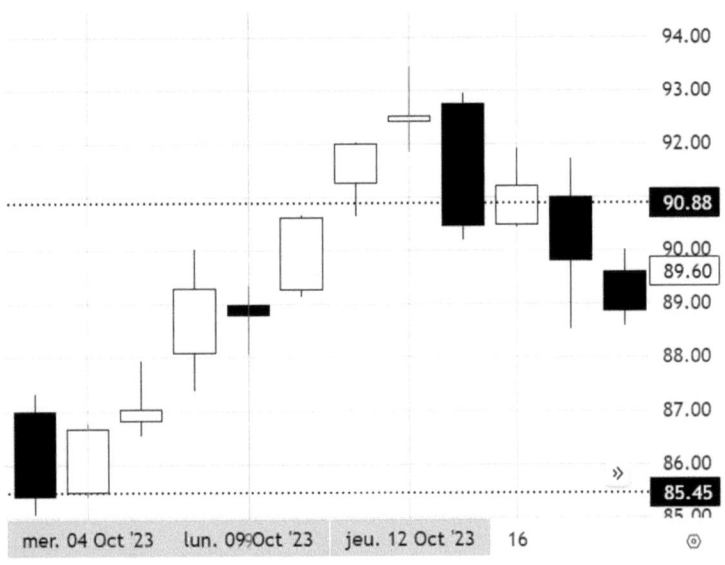

Début octobre, les cours viennent tester un support à 85,45. La bougie blanche du 4 octobre marque la volonté des acheteurs de le défendre : c'est un quasi-marubozu. Le mouvement se met en place avec trois bougies blanches. La bougie du 9 octobre marque un arrêt dans le mouvement. Cependant, ce n'est qu'un doji dans la moitié supérieure du corps de la bougie de la veille : la tentative de retourner le mouvement est faible. On parlera alors de bougie de transition ou de respiration. On assimilera plutôt cette configuration à une avance bloquée. Le mouvement repart effectivement le 10 octobre avec une bougie forte :

– Corps blanc de taille importante.

– Très petites mèches haute et basse qui correspondent à un quasi-marubozu.

On peut légitimement considérer que le mouvement haussier est reparti, de manière dynamique.

Cela est confirmé par la bougie suivante, très positive :

– Elle franchit la résistance à 90,88.

– Elle présente un corps de taille significative et clôture sur les plus hauts de la séance.

– Elle présente une mèche basse montrant que les acheteurs ont répondu de manière déterminée à une attaque vendeuse.

La troisième bougie, du 12 octobre, est une bougie d'alerte. C'est une étoile filante présentant des mèches de taille significative et surtout une longue mèche haute confirmant le retour en force des vendeurs. C'est pour cela que la bougie du lendemain sera tout à fait déterminante. Elle est noire avec un corps de taille significative : structure d' « étoile du soir ». En pratique, la situation est même pire que cela puisqu'au-delà de la structure évoquée ci-dessus, on est en face d'une « englobante » qui reprend toute l'avancée des deux séances précédentes. On est dans une « structure qui cale ».

3 – 3 Les gaps

3 – 3 – 1 Définition des gaps

Rappelons que les gaps (« fenêtres ») sont des trous de cotation entre deux bougies. Aucune transaction n'a été effectuée entre le plus haut d'une bougie et le plus bas de celle du lendemain dans un contexte haussier. Aucune transaction n'a été effectuée entre le plus bas d'une bougie et le plus haut de la suivante dans un contexte baissier.

Le graphique ci-après illustre les deux configurations de gaps haussier et baissier.

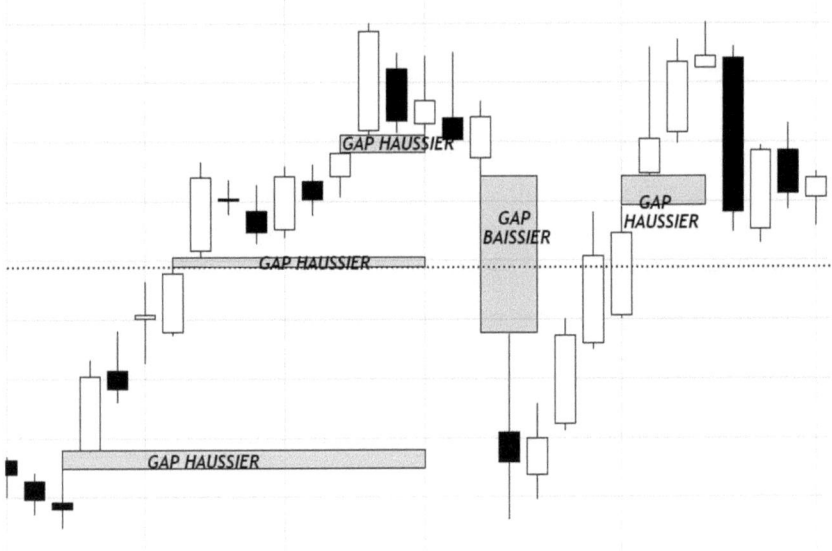

Il s'agit certainement de la structure de continuation la plus sûre à condition que le marché soit en tendance. On verra ainsi qu'en situation de range, on peut avoir des gaps fréquents qui n'ont aucune signification : gaps communs.

Une analyse complète des gaps ne sera pas réalisée dans l'ouvrage présent. Nous nous intéresserons uniquement aux situations, aux comportements des investisseurs et au combat acheteurs/vendeurs.

Rappelons qu'on distingue quatre types de gaps en fonction de la situation de marché :

3 – 3 – 2 Les gaps communs

Ils se produisent souvent, comme il vient d'être écrit dans une phase de range. C'est le cas dans la situation suivante :

L'action est entrée début août en range entre 142,13 et 172,15, les cours évoluant d'une manière assez régulière entre les deux bornes du range, sans que l'on puisse tirer de conclusions opérationnelles quant à l'évolution future de l'actif. Ils reflètent généralement le manque d'intérêt des investisseurs pour l'actif ou encore dans des situations où les volumes sont faibles. On sera également très prudent, dans toutes les configurations (y compris dans celles qui vont être analysées) aux actifs présentant structurellement des volumes faibles. Cela concerne notamment :

– Les petites capitalisations, notamment celles qui ont un flottant peu important.

– Les paires de devises secondaires ou « exotiques ».

Ces types de gaps sont appelés à être comblés rapidement. Ils n'ont pas de signification particulière.

3 – 3 – 3 Les gaps d'expulsion ou de rupture, en anglais « breakaway gaps »

Ils sont d'une grande importance et significatifs d'évènement important pour la vie de l'actif : décision de taux de Banques Centrales pour les devises, sortie de résultats ou « profit warning » pour les actions… La valorisation des actifs est impactée. Ces évènements s'accompagnent, comme on le verra dans la deuxième partie de l'ouvrage, de forts volumes : les investisseurs veulent tirer parti du mouvement.

Dans la situation suivante, les résultats du 2e trimestre 2023 d'ALPHABET, publiés le 25 juillet après la clôture de Wall Street, satisfont pleinement les investisseurs.

Le lendemain, un gap haussier est ouvert entre 123,70 et 128,74 dollars. Les cours évoluent ensuite dans une zone de range entre 127,85 et 134,02 dollars.

Cette stabilisation durera environ un mois. Le gap est retesté à plusieurs reprises, ce qui laisse supposer qu'un équilibre est trouvé entre acheteurs et vendeurs quant à la valorisation de l'actif entre 127,85 et 134,02 dollars. On notera également, comme il a été indiqué précédemment, les mouvements aléatoires des prix à l'intérieur du range.

Le gap entre 123,70 et 127,85 dollars demeure ouvert, et le 29 août, les cours parviennent à sortir de la zone de range par le haut.

On voit ainsi comment a été affectée immédiatement l'appréciation par le marché de la valeur de l'actif.

GAP D'EXPULSION

Ce type de gap peut également se produire lors du franchissement d'une résistance ou la rupture d'un support.

Cette situation a déjà été illustrée dans le paragraphe *3 – 1 – 2 Les trois méthodes ascendantes*. Dans la situation suivante, le 29 mars, la résistance à 19,55 est franchie. Comme souvent, elle peut être l'occasion de petites prises de bénéfices, et la bougie de ce jour est un doji qui pourrait laisser un doute sur la poursuite du mouvement. C'est pour cela qu'il est classique que le gap soit retesté, et le rebond des cours (même si l'épaisseur initiale du gap peut être légèrement entamée) confirme dans notre exemple la pérennité de la volonté des acheteurs.

3 – 3 – 4 Les gaps de continuation, en anglais « runaway gap »

Lorsqu'un mouvement tendanciel est bien engagé, avec notamment, l'ouverture d'un gap de rupture, il arrive qu'un second gap soit ouvert, immédiatement après ou plus tard. Il confirme la détermination du camp qui l'a provoqué. Dans l'exemple suivant, un gap de rupture baissier est ouvert le 10 juin entre 205,85 et 203,43. Le lendemain, un second gap est ouvert, initialement entre 199,37 et 196,03. Il est partiellement comblé deux séances plus tard mais sauvegardé en clôture entre 199,37 et 198,80.

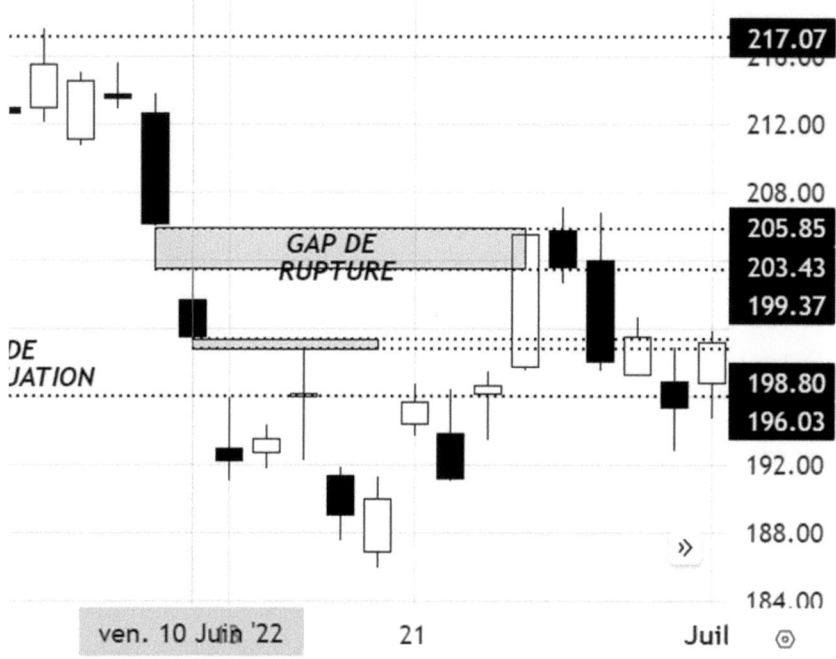

Le gap de continuation peut également être ouvert plusieurs séances après celui de rupture, après une poursuite du mouvement suivie d'une respiration. La survenance d'un nouvel élan haussier illustré par le gap de continuation conservera sa vigueur au mouvement comme dans le cas ci-après.

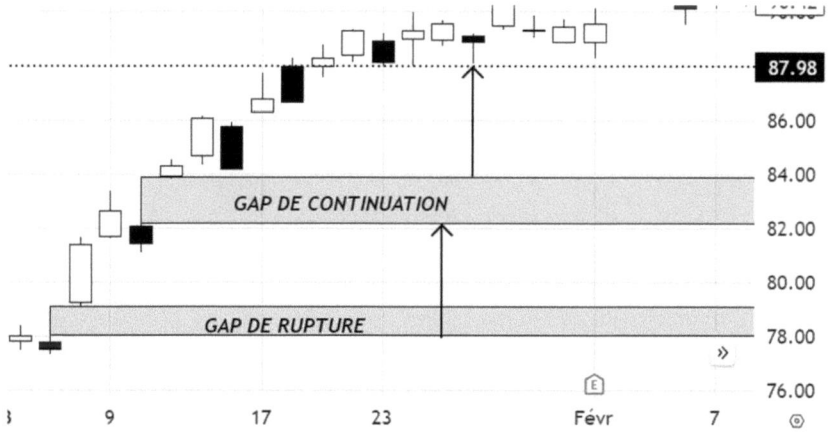

On considère souvent, comme dans cette situation, que le gap de continuation est situé au milieu du mouvement tendanciel. Ce n'est pas toujours le cas, mais cela peut légitimement donner un objectif de cours à l'investisseur.

3 – 3 – 5 Les gaps d'essoufflement, en anglais « exhaustion gap », ou « gap terminal »

Comme son nom l'indique, le mouvement tendanciel s'essouffle. C'est souvent le dernier effort du camp qui est à la manœuvre sous une résistance (mouvement haussier) ou à l'approche d'un support (mouvement baissier).

Dans l'exemple ci-après, après l'ouverture du gap de continuation, les cours poursuivent leur progression vers la zone de résistance 94,31/ 95,70 avec beaucoup d'hésitations et un momentum qui a beaucoup baissé depuis le début du mouvement. Une dernière impulsion est donnée le 2 février avec l'ouverture d'un troisième gap, comme si les acheteurs étaient pressés de se confronter à la zone de résistance. La bougie de ce jour présente un corps blanc de belle taille et une mèche haute significative qui montre la présence décidée des vendeurs dans la zone de résistance. Un harami baissier est dessiné le lendemain. Il correspond également à une structure de sommet en pince. Il est suivi de l'ouverture d'un gap baissier, à valeur de gap de rupture, qui marque le démarrage de la dynamique baissière.

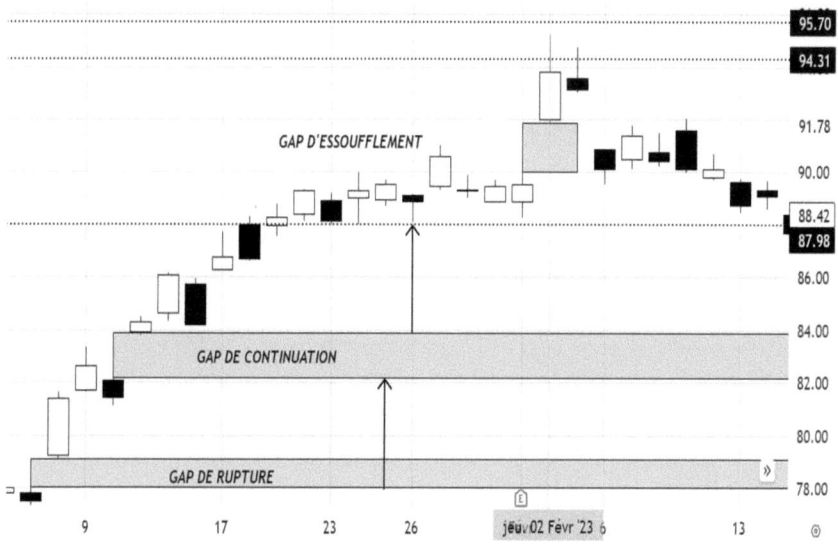

Les gaps d'essoufflement ont vocation à être rapidement comblés, confirmant leur nature. Dans notre exemple, le retournement est assez brutal, le gap d'essoufflement, les bougies des 2 et 3 février et le gap baissier du 4 février formant une « île de retournement ».

3 – 4 Synthèse de l'ensemble de ces structures de retournement et de continuation

Ces structures sont connues, répertoriées et fonctionnent car elles sont la traduction du phénomène le plus important qu'il convient d'assimiler qui est **le combat entre un camp acheteur et un camp vendeur.**

Le fonctionnement des systèmes boursiers a quelque chose de remarquable qui est que sur un prix donné pour un actif, des investisseurs sont acheteurs et d'autres vendeurs. Au sein des gros fonds d'investissement qui guident les marchés travaillent des centaines (milliers) d'analystes, issus des meilleures Écoles qui analysent les actifs qui leur sont confiés. Ils ont la possibilité, grâce aussi aux contacts qu'ils ont régulièrement avec les dirigeants des sociétés analysées, de connaître de manière très intime ces entreprises. Ils disposent du maximum de données et d'études pour les évaluer. Dans ces conditions, on constate qu'ils peuvent tirer des conclusions diamétralement opposées sur l'évolution des cours. Au même prix, les uns sont acheteurs, les autres vendeurs. La balance et les cours iront vers le camp qui proposera le plus de titres à l'achat ou à la vente.

Ces positions ne sont pas immuables. Ceux qui étaient vendeurs – et qui se sont dessaisis de leurs titres trop tôt – voyant les cours monter, peuvent se rendre de manière réaliste à l'opinion de la majorité. Ce mouvement avancera jusqu'à ce que plus personne ne trouve raisonnable de continuer à acheter au prix atteint par l'actif et qu'un nombre important d'investisseurs estiment qu'il est temps de prendre ses bénéfices.

Les schémas psychologiques prennent une large part à ces mouvements qui s'apparentent aux mouvements des foules qui influent sur l'opinion de chaque investisseur qui pourra se laisser guider par la majorité des investisseurs. C'est ainsi que l'on devra faire face à des mouvements de prix excessifs du fait de ces comportements psychologiques.

L'analyse des bougies, des séries de bougies, des tendances et de leur construction, reflète ces fluctuations.

Il est important de bien connaître les structures de retournement afin de disséquer le mode de changement de comportement du marché, notamment sur des niveaux particuliers (supports, résistances…).

Il est important de bien connaître les structures de continuation afin d'évaluer des changements temporaires de comportement de marché avant que la tendance ne reprenne son cours.

Toutes les structures, notamment de retournement de marché, ne se produisent pas dans des conditions aussi académiques telles que nous les avons décrites, mais leur apprentissage permettra à l'investisseur de « lire le marché ». **Celui-ci doit, à tout moment, se poser la question : quel camp tient le marché ?**

Nous allons disséquer des séquences afin d'analyser les comportements du marché et ses retournements.

3 – 4 – 1 Séquence haussière

Le graphique ci-après présente, dans leur continuité, plusieurs structures qui ont été précédemment décryptées.

Une séquence baissière précédente s'est terminée par l'entrée, à partir du 13 septembre, dans une structure de « creux en arrondi ». Cette dernière a été assez longue puisque c'est le gap de rupture le 11 octobre qui a clôturé cette séquence et lancé le mouvement haussier.

Cette période d'un mois s'est déroulée aux abords d'un support à 223,47. Elle correspond en fait à une structure d'accumulation entre les niveaux à 223,47 et 232,53. Les acheteurs sont bien décidés à défendre le support et un combat indécis se développe dans ce range. Les forces en présence se neutralisent.

Cependant, à partir du 23 septembre, le support à 223,47 n'est plus testé et les niveaux bas de la structure sont de plus en plus élevés, présageant une prise progressive de contrôle du camp acheteur. Cette dernière se confirme par le gap de rupture ouvert le 11 octobre.

La bougie de ce jour montre la détermination des acheteurs : corps blanc important et petites mèches haute et basse.

La progression des cours se poursuit jusqu'aux abords de la résistance à 254,38. C'est l'occasion d'une nouvelle confrontation entre les deux camps. Les dernières bougies avant d'atteindre la résistance sont de petite taille et de couleurs alternées, traduisant l'indécision à l'approche de l'obstacle. Une consolidation s'opère au contact de la résistance, liée à des prises de bénéfices de la part d'investisseurs qui doutent du franchissement. La consolidation est de courte durée et les acheteurs reprennent la main à la faveur de la structure d' « étoile du matin » qui débouche, qui plus est, sur l'ouverture d'un gap haussier le 24 octobre : gap de continuation. La conjonction des deux phénomènes : étoile du matin + gap est un signal extrêmement fort de la volonté du camp acheteur qui a retrouvé de nouvelles « troupes » à l'occasion de la consolidation.

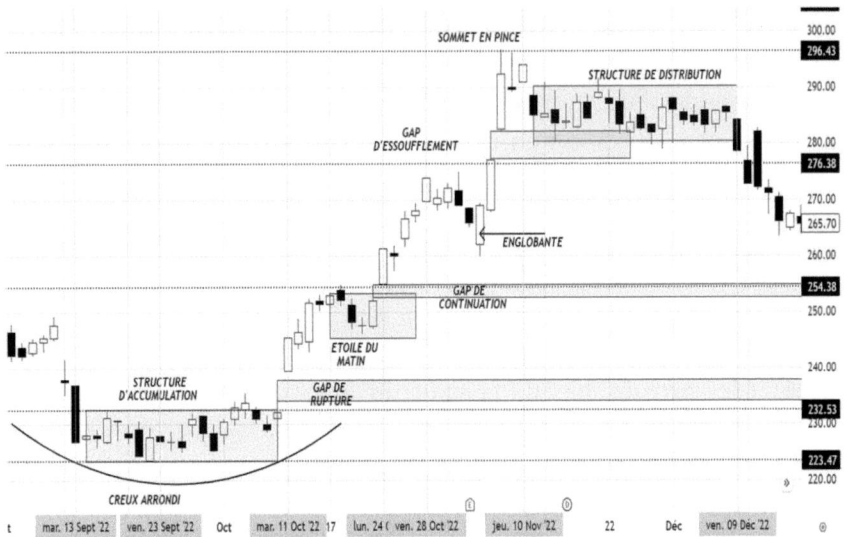

Le mouvement haussier repart jusqu'au 28 octobre. En cinq séances, les cours gagnent encore un peu moins de 10 %, ce qui laisse envisager une nouvelle consolidation à l'approche d'une ancienne résistance à 276,38. Une consolidation plus profonde se développe ; elle est courte et une englobante haussière marque la reprise de contrôle du camp acheteur. Un troisième gap est ouvert deux séances plus tard. Il s'apparente à un gap d'essoufflement, ce qui va très rapidement être avéré par une structure classique de retournement qui est un sommet en pinces les 8 et 9 novembre. Les cours vont se stabiliser dans cette zone haute durant environ un mois. Le gap d'essoufflement est maintenu assez longtemps, ce qui n'est pas toujours le cas. Cela peut laisser un doute quant à sa désignation mais signifie que les acheteurs ne sont pas encore prêts à renoncer. Les cours ont gagné plus de 30 % en un mois : on aurait pu s'attendre à plus de prises de bénéfices après un tel rally.

Le range entre les 11 novembre et 9 décembre dessine une structure de distribution. Il faut attendre le sens de sortie de la structure pour la designer ainsi. Cela aurait aussi pu être une structure d'accumulation, les acheteurs pensant que les cours pourraient encore aller plus haut, d'autant plus qu'ils ont défendu longtemps le troisième gap.

Ainsi, la lecture des mouvements des bougies montre le développement d'un mouvement haussier et les intermèdes au cours de son développement. Fréquemment, le démarrage d'une phase haussière s'accompagne d'une structure de retournement. Cette dernière est favorablement suivie d'un gap de rupture qui lance vraiment le mouvement, conforte les investisseurs et permet à une plus grande masse d'acheteurs de rentrer en position. S'ensuit généralement une phase dynamique. À l'apparition de résistances, une phase d'indécision apparaît : le camp acheteur sera-t-il capable de mobiliser suffisamment d'investisseurs pour poursuivre le mouvement ? La consolidation qui apparaît est de nature à mobiliser des acheteurs qui se voient proposer un meilleur prix et moins de risque qu'au contact de la résistance. C'est ce qui se produit lors de la phase « étoile du matin » fin octobre dans l'exemple précédent. Le franchissement de la résistance est une circonstance de nature à attirer de nouveaux acheteurs qui vont accompagner le mouvement (au moins) jusqu'au prochain obstacle.

Arrive un moment et un niveau de cours, souvent au contact d'une nouvelle résistance, où le rapport risque/opportunité de tenter un nouveau franchissement devient trop incertain. Un volume faible d'acheteurs se présente, ce qui montre leur indécision et permet au camp opposé de reprendre la main.

3 – 4 – 2 Séquence baissière

Dans le graphique suivant, une séquence haussière s'achève par une structure de retournement en double sommet. Le premier contact avec la résistance à 708,43 date du 5 septembre, le second du 14 septembre. La figure est validée le 21 septembre par la rupture de la ligne de cou à 680,03. De plus, un gap de rupture est ouvert ce même jour, donnant une force supplémentaire à la figure et au démarrage d'un épisode baissier. Celui-ci se développe avec une grande vigueur car depuis le 15 septembre, ce ne sont pas moins de neuf séances consécutives de baisse qui s'enchaînent.

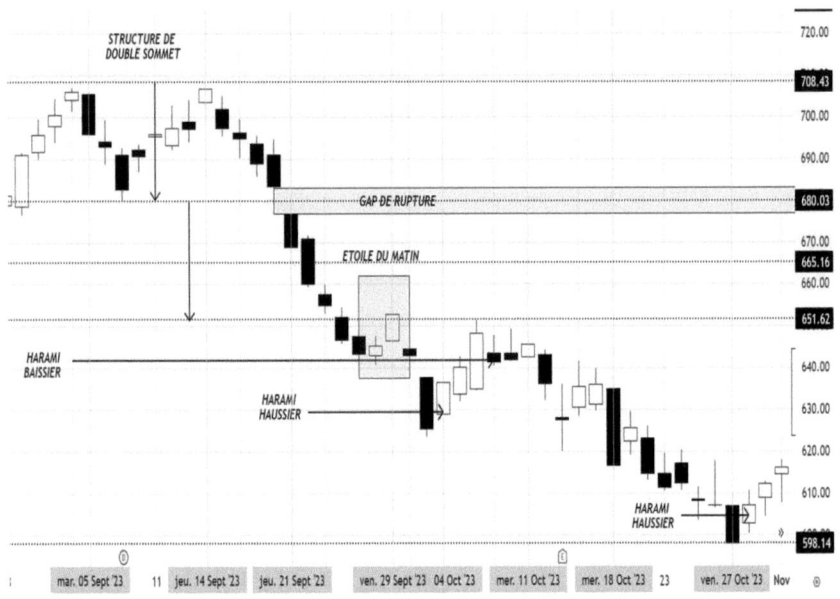

La formation d'une « étoile du matin », validée le 29 septembre, laisse envisager une consolidation qui aurait été bien naturelle après un tel mouvement. Il n'en est rien : il s'agissait d'un retest de 651,62. Dès le lendemain, la baisse reprend, mais dès le 4 octobre, les acheteurs se manifestent avec la formation d'une bougie qui est un harami haussier (et en plus un marubozu) qui lance un court rally de trois séances qui revient tester la résistance à 651,62 avant une reprise de la baisse. Celle-ci a du mal à s'amorcer. Les bougies des 9 et 10 octobre ont de petits corps noirs, des mèches hautes mais pas de mèche basse. Cela laisse supposer, au-delà d'un combat âpre entre les deux camps, que la tendance est plutôt en faveur des baissiers. Il faut attendre les bougies noires des 12 et surtout 18 octobre (marubozu) pour que les vendeurs s'imposent.

Le 27 octobre, sur le support à 598,14, la baisse prendra fin après deux bougies qui témoignaient déjà d'une indécision. Le 28 octobre, un harami haussier suivi de bougies blanches à mèches basses importantes marque la reprise en main du marché de l'actif par le camp acheteur.

3 – 4 – 3 Autres configurations

Les configurations suivantes présentent plusieurs situations de retournement et de continuation :

a)

b)

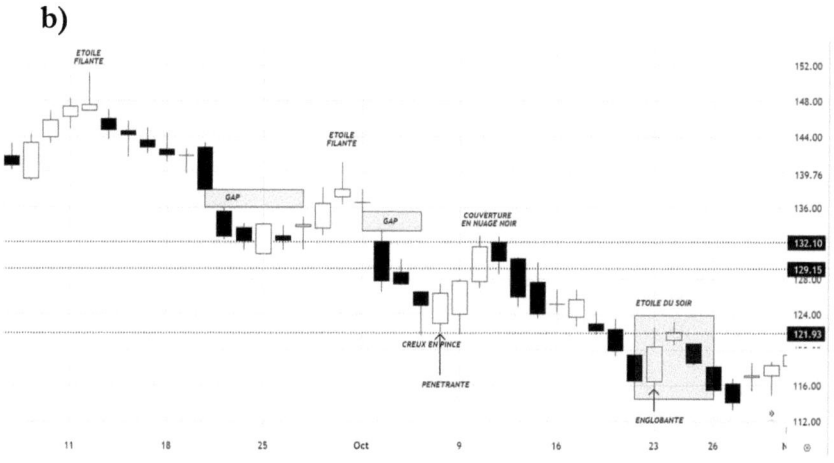

c) Les différentes structures de continuation et de retournement ne se produisent pas toujours de manière aussi caractéristique et académique que dans les exemples fournis. La situation suivante a **pour objectif de montrer que ce qui est important, ce qui doit guider l'analyste et l'investisseur, est la bonne lecture et compréhension du marché, grâce aux enseignements dispensés par les bougies.** Dans la situation suivante, l'actif est d'abord en range entre 317,74 et 331,37. Une première tentative de franchissement du haut de la zone le 19 mai s'est soldée par un échec et les prix ont reflué vers le bas du range : il n'y avait pas assez de conviction acheteuse. Une nouvelle tentative de sortie haussière a été plus heureuse le 13 juin, mais les prix n'ont pas pu tenir plus de deux séances de hausse après ce franchissement. Les vendeurs, comme cela est fréquent, ont testé la détermination des acheteurs. Ainsi, un nouveau test de 331,77 a eu lieu quelques séances plus tard. Ce test est déterminant et le résultat est probant : le niveau a été touché uniquement par une mèche basse, ce qui montre que des ordres acheteurs supérieurs aux ordres vendeurs étaient présents à ce niveau. Le camp vendeur a bien enregistré le message et les acheteurs ont repris le contrôle du marché. Leur victoire a été consommée par l'ouverture d'un gap haussier le 30 juin.

Les vendeurs ont bien essayé de provoquer un test de ce gap autour du 14 juillet. Les acheteurs ont réagi au-dessus de celui-ci et le mouvement est reparti avec une belle dynamique jusqu'au test de la résistance à 362,92. Les prix ont progressé d'environ 10 % en ligne droite, le niveau du marché a changé et l'appréciation que les investisseurs peuvent en faire peut également évoluer. Il n'est donc pas surprenant que les vendeurs tentent de se manifester sur un niveau plus élevé : il peut être tentant pour des investisseurs de prendre des bénéfices et d'attendre de meilleurs prix pour revenir éventuellement en position.

Le 9 août, une englobante baissière stoppe l'avancée des prix qui viennent retester un support inférieur sur lequel une structure de creux en pince montre la volonté du camp acheteur de défendre ce niveau. Dans le mouvement, le niveau de 362,92 est franchi après quelques séances d'hésitation et les prix vont aller tester la résistance à 371,57.

Cette situation illustre un des éléments évoqués précédemment. Il n'y avait plus assez de force acheteuse sur 362,92 et les vendeurs ont repris la main. Sur le niveau inférieur à 349,87, les acheteurs ont retrouvé de l'intérêt pour l'actif dont les cours ont pu repartir.

La suite de bougies noires de taille significative indique clairement que le camp acheteur ne sent plus possible le franchissement de cette dernière résistance à 371,57 et une forte dynamique de prises de bénéfices intervient alors. Le mouvement est définitivement terminé : il n'y a plus véritablement de volonté acheteuse et il n'est pas surprenant que le mouvement revienne à son origine.

CHAPITRE 3

Utilisation des bougies avec d'autres outils de l'analyse technique

1 – Maîtrise des situations

Les chapitres précédents ont montré les différentes figures caractéristiques de retournement et de continuation en s'appuyant sur le rapport de force entre acheteurs et vendeurs.

Nous avons vu, comme dans les derniers graphiques du chapitre précédent, des situations de retournement, à la fois au cours de mouvements haussier et baissier.

Il est fondamental pour un investisseur de pouvoir anticiper ces phases de retournement, qui peuvent être de simples consolidations dans un mouvement tendanciel établi ou de véritables retournements de fond.

Il est tout aussi fondamental de pouvoir quantifier ces phases de consolidation pour en évaluer la profondeur, scruter l'éventuel retour dans le mouvement primaire ou établir un véritable retournement de cette tendance de fond.

On a vu, en particulier, que les retournements (temporaires ou non) se produisaient généralement sur des niveaux mémoires du marché (résistance ou support). L'approche de ces niveaux par les prix est un moment privilégié d'observation de la situation, de la forme et de la couleur des bougies individuelles ou groupes de bougies pour envisager la tournure que peut prendre le combat acheteurs/vendeurs.

La lecture et l'interprétation des bougies individuelles dans certaines circonstances, des structures plus complexes de bougies, doivent être complétées par d'autres outils.

L'objectif, pour l'investisseur, sera de forger sa conviction sur la convergence des informations que donneront ces différents outils.

Nous allons analyser plusieurs d'entre eux en relation avec les structures de bougies afin de trouver des confirmations des mouvements que ces structures anticipent. Nous nous intéresserons, en particulier, aux outils qui permettront, au-delà des confirmations attendues de mouvements tendanciels, de pouvoir fixer des objectifs de cours.

2 – Comportements à proximité des résistances et supports

Ce sont – sans surprise – l'approche et le contact avec eux qui vont intensifier le combat entre les deux camps pour savoir si des obstacles seront franchis, ce qui confirmerait la prédominance d'un des camps. Dans l'exemple suivant, début septembre, les cours viennent tester le support à 89,10. Une structure de creux en pince montre la détermination des acheteurs à défendre ce niveau. Ce rebond aboutit au test d'une ancienne résistance à 101,3. Son rejet est violent avec, le 13 septembre, une énorme bougie noire avec de petites mèches qui vient englober la précédente. Quelques jours plus tard, dans le mouvement, le support à 89,10 est à nouveau testé. On peut penser, le 29 septembre, que l'importante bougie noire à petite mèche basse donne un signal de rupture du support. Comme toujours, c'est la bougie suivante qui doit apporter la confirmation. Ici, c'est une infirmation avec une succession de bougies blanches qui confirme la défense, à nouveau, du niveau par les acheteurs. La rupture du support le 29 septembre était en fait un « bear trap » : un « piège à vendeurs ».

Le 13 octobre, ce même support est à nouveau testé et la longue mèche basse montre à nouveau la volonté du camp acheteur.

Le nouveau test, le 25 octobre, de la résistance donne à nouveau une reprise en main par les vendeurs avec une structure de retournement qui s'apparente à une étoile du soir.

Finalement, le 2 novembre, le support à 89,10 est rompu violemment avec l'ouverture d'un gap baissier et une grande bougie noire à petite mèche basse. Le support inférieur à 84,20 tient après être testé. La figure de retournement qui suit en forme d'étoile du matin confirme le recul du camp acheteur mais assure la défense du support à 84,20.

On notera enfin qu'après le retest du gap baissier, les cours repartent à la baisse en formant une figure de retournement en forme de « sommet en tour ».

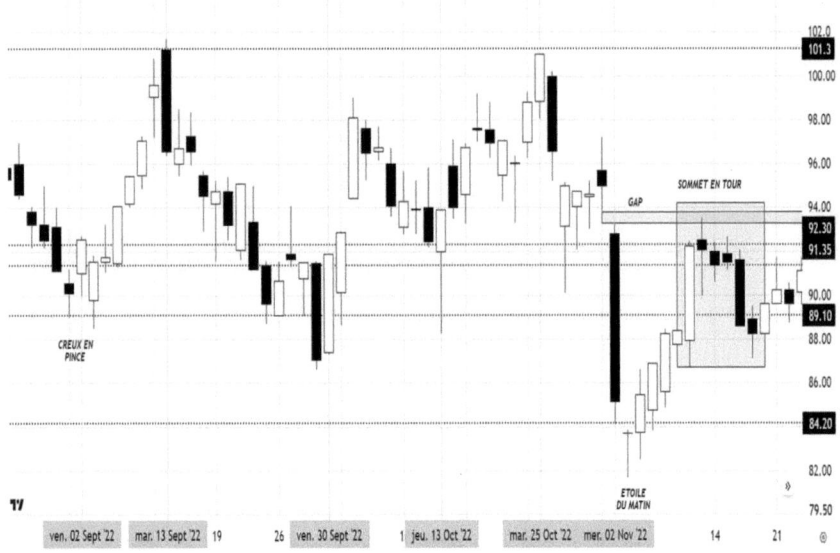

3 – Comportements au contact des obliques de tendance

Le graphique suivant montre une tendance haussière soutenue par une oblique haussière. Cette dernière est validée le 24 juillet par le troisième contact réussi. Cette validation se fait à travers une structure de creux en pince, la bougie du 24 juillet étant de plus un harami haussier confirmé les jours suivants. Le quatrième (quasi) contact se conclut par un rebond avec la bougie du 18 août qui est une englobante.

Un rebond avec un creux en pince conclut le cinquième contact avec l'oblique haussière.

Le sixième contact est plus compliqué. La bougie du 12 décembre est un marteau haussier. La cassure de l'oblique semblait acquise en séance mais les acheteurs ont en fait défendu un double support : l'oblique et le support horizontal à 179,7. Les jours suivants, le combat se focalise sur le support horizontal avant que le gap haussier et le marubozu du 4 janvier consacrent la victoire des acheteurs.

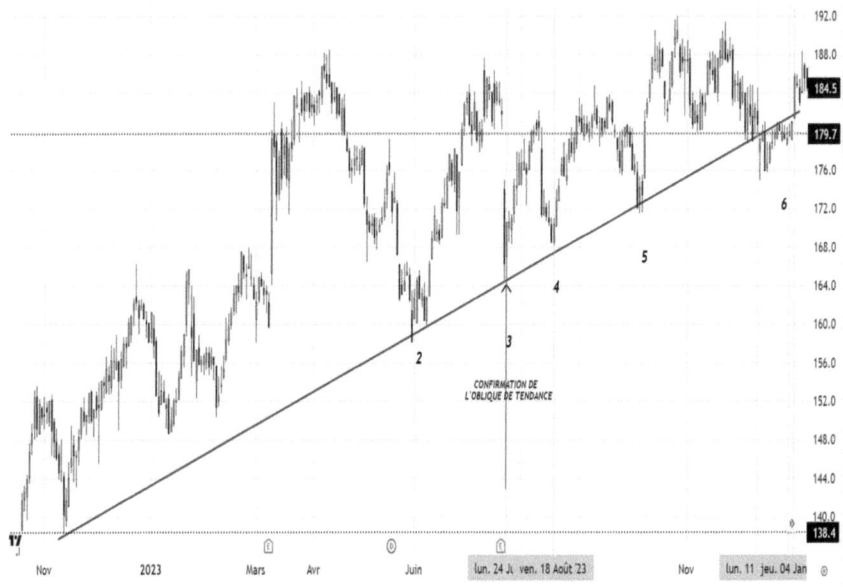

Le mode d'approche est similaire à celui des support/résistance horizontaux.

4 – Comportements avec les moyennes mobiles

Celles-ci peuvent rythmer le cours des actifs. Si elles sont bien choisies, en harmonie avec les rythmes d'évolution de l'actif elles peuvent se comporter en support ou résistance dynamique des cours.

Il faudrait, théoriquement, les choisir pour chaque actif et même pour chaque unité de temps, mais il y a une quasi-unanimité parmi les analystes pour considérer l'importance de la moyenne mobile 200 périodes (MM200). C'est une moyenne de long terme et son franchissement ou sa rupture sont significatifs d'un changement de mode d'évolution de l'actif. Cette importance se traduit régulièrement par un combat intensifié entre acheteurs et vendeurs.

C'est le cas dans une des situations de la configuration suivante.

Une première fois, fin février, la MM200 est cassée dans un mouvement baissier dont la dynamique a été amplifiée par l'ouverture d'un gap baissier quelques séances avant. La séance du 23 février ouvre sous la MM200. Les acheteurs tentent de la défendre mais ce sont les vendeurs qui ont le dernier mot avec une bougie noire avec un corps de taille significative.

Après un rebond sur le support à 135,32, une figure de retournement en « double creux » est validée par le franchissement de la ligne de cou à 145,78 mais les acheteurs n'ont pas la conviction de revenir tester la MM200. Après plusieurs séances à proximité et à retester la ligne de cou, une séquence de test de la MM200 se met en place à partir du 3 avril. La période d'indécision dure deux semaines et c'est le quasi-marubozu baissier du 17 avril qui confirme la victoire des vendeurs. Cette séquence entre les 3 et 17 avril était en fait une structure de distribution.

La configuration suivante exploite la moyenne mobile 20 périodes (MM20). Elle est régulièrement utilisée par les analystes et participe au réglage le plus fréquent d'un outil que l'on explorera par la suite (bandes de Bollinger).

Elle est très efficace dans cet exemple où elle suit parfaitement la séquence baissière en jouant le rôle de résistance dynamique au mouvement.

Les contacts successifs entre les prix et la résistance/MM20 donnent lieu à des figures de retournement classiques que nous avons précédemment analysées : sommet en tour, couverture en nuage noir, étoile du soir... La formation de ces structures confirme les échecs successifs des acheteurs à reprendre la main et relance une nouvelle séquence baissière.

5 – L'utilisation des volumes en complément des chandeliers

5 – 1 *Approche de la notion de volume*

Les volumes ont moins d'impact aujourd'hui qu'ils n'ont pu en avoir par le passé mais ils demeurent néanmoins très importants dans l'analyse des structures de bougies. L'avènement de produits dérivés comme les CFD (notamment depuis le 1er novembre 2007 et la directive européenne MIFID), turbos, warrants, a transformé l'approche produit de la part des investisseurs, notamment pour les opérations de court ou moyen terme. Des transactions hors marché ou sur des produits non listés ont aussi une influence.

Il faut les considérer plutôt en valeur relative qu'en valeur brute.

Une forte augmentation des volumes indiquera un engouement pour la tendance en cours. Le recul des volumes au fur et à mesure de son avancée témoignera d'un recul de l'intérêt pour le mouvement : moins d'investisseurs peuvent devenir acheteurs en tendance haussière au fur et à mesure que les prix montent avec un risque accru de consolidation et de diminution de l'espoir de gains.

C'est dans ce sens que nous allons nous intéresser à l'évolution des volumes puis utiliser un indicateur lié justement à l'évolution de la pression acheteuse ou vendeuse.

5 – 2 Le graphique suivant présente l'évolution des cours et, en bas, celle des volumes

Les jours où la bougie est noire, le volume est indiqué en noir. Les jours où la bougie est blanche, le volume est indiqué en gris. Enfin, la moyenne mobile 40 périodes lisse les volumes et nous permet de savoir si le volume du jour est important ou non.

En bas de mouvement baissier, les cours viennent tester le support à 245,85 les 1ᵉʳ et 13 mars. Les volumes sur ces séances et dans l'intervalle entre les deux tests sont inférieurs à la moyenne. Seule la bougie du 13 mars est très légèrement supérieure à cette moyenne.

Le fait d'avoir des volumes plutôt faibles est un signe favorable de rebond. Il doit cependant être confirmé. C'est le cas le lendemain, 14 mars, où la ligne de cou à 259,83 est franchie, validant une structure de « double creux ». Les prix vont continuer à progresser jusqu'au 17 mars ; il en est de même des volumes, ce qui confirme l'engouement des acheteurs.

La bougie du 17 mars est une bougie qui doit alerter l'investisseur. Les volumes sont très importants mais les prix ne progressent plus. Cela marque un retour en force des vendeurs et des prises de bénéfices : une consolidation devient possible. Elle se produit effectivement dans les jours qui suivent, mais elle est à plat et les volumes reviennent en dessous de la moyenne. Cela montre un faible attrait de la part des vendeurs : le marché devient plutôt atone autour de 274,87.

Il redémarre à partir du 30 mars pour aller tester la résistance à 291,39, sans réelle force, les volumes restant sous la moyenne. Le retour sur le support à 274,87 s'accompagne d'une poussée des volumes, ce qui démontre que le marché est prêt à choisir une direction, baissière en cas de rupture du support, haussière en cas de franchissement de la résistance à 291,39.

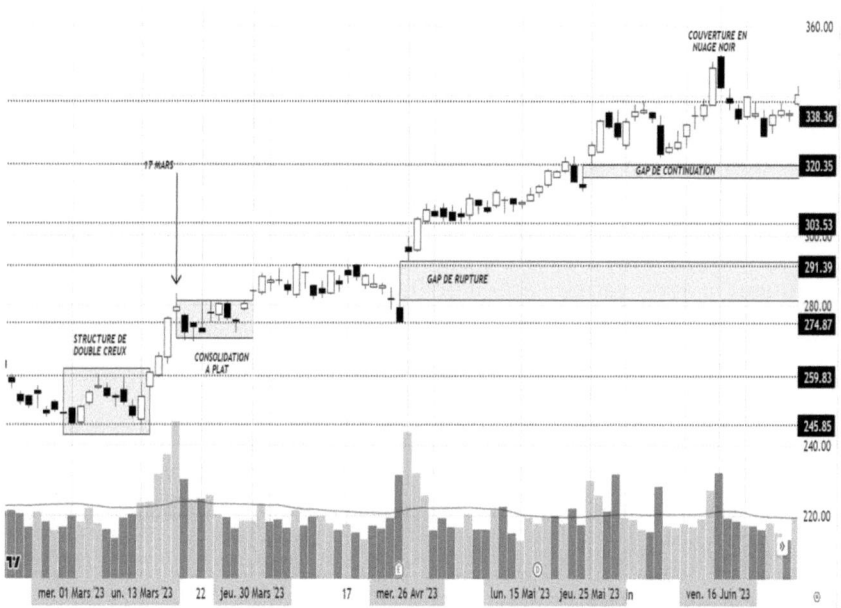

Le 26 avril, un gap de rupture est ouvert avec une forte poussée des volumes indiquant la prise de contrôle des acheteurs, confirmée le lendemain par le franchissement de la résistance à 303,53. Les prix ont gagné environ 10 % en deux jours et il n'est pas illégitime qu'une consolidation à plat se reproduise. Elle montre également une forme d'indécision à aller plus haut. À partir du 15 mai, les cours repartent vers le haut mais l'entrain est faible : on reste sous la moyenne des volumes. Il faudra attendre le 25 mai et l'ouverture du gap de continuation pour redonner de l'engouement au mouvement. On notera que les volumes de cette séance sont inférieurs à ceux de celle du gap de rupture le 26 avril. Cela est compréhensible : l'espoir de gain est plus faible que le 26 avril et les ouvertures de position sont de taille plus faible.

Les cours vont rester, comme après le gap de rupture, à l'intérieur d'un range entre 320,35 et 338,36 avec, cependant, des augmentations de volume sur les bougies noires, montrant ainsi une certaine nervosité du marché.

Le franchissement de la résistance à 338,36 le 15 juin se fait, sans surprise, avec des volumes plus faibles que lors des franchissements précédents sur des prix plus faibles. Un pic de volume se produit cependant le lendemain, 16 juin, sur la bougie noire en « couverture en nuage noir ». Ce n'est que l'invalidation du franchissement de 338,36 qui ramène du calme sur le marché.

Les augmentations de volume sur les bougies noires en haut de tendance marquent la nervosité des acheteurs qui veulent sécuriser leurs gains.

5 – 3 Autres configurations des volumes

a)   Une situation classique se produit en haut de tendance. Lorsque les prix ont fortement progressé, les perspectives de gains se réduisent comme il a été indiqué précédemment. Les volumes ont donc tendance à se réduire. Si les volumes deviennent vraiment faibles, cela signifie qu'il n'y a pratiquement plus d'acheteurs pour intervenir à ce niveau. Des prises de bénéfices apparaissent et, se joignant aux vendeurs, ils laissent à ces derniers la possibilité de reprendre la main.

Dans la configuration suivante, un rally démarre le 4 janvier avec des volumes en dessous de la moyenne. Ils augmentent au-dessus de cette dernière à l'occasion de l'ouverture du gap mais se réduisent très vite jusqu'au 17 janvier sous la résistance à 58,93, et le lendemain, à la faveur d'une englobante baissière les vendeurs reprennent la main avec des volumes légèrement supérieurs à la moyenne. Ils restent à un niveau significatif les jours suivants à la faveur de l'intensification du combat acheteurs/vendeurs et retombent quand les acheteurs reprennent la main. Ces faibles volumes le 24 janvier et les jours suivants traduisent une faible pression acheteuse et augurent mal d'une progression des cours, ce qui se produira les jours suivants.

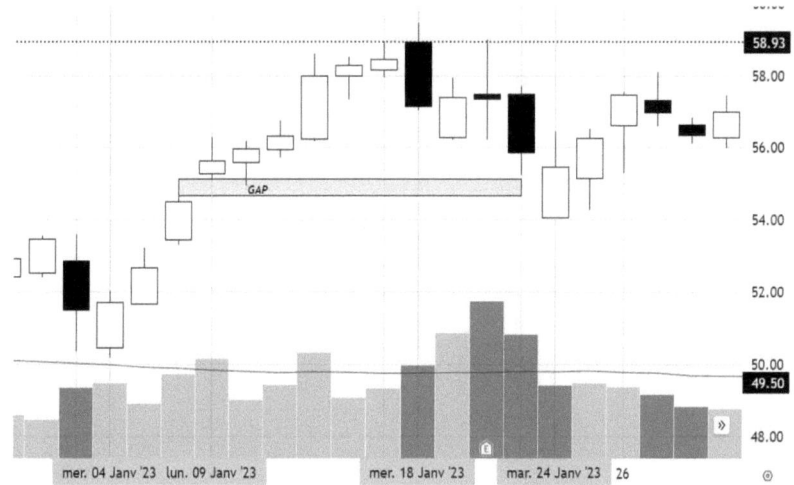

b) Dans la configuration haussière ci-après, des bougies noires de taille significative montrent une résistance à la progression des cours. Cependant, cela se réalise sans augmentation des volumes qui demeurent tout le long de la séquence autour de la moyenne. Cela signifie qu'à ce stade, la tendance n'est pas en danger. L'ouverture du gap le 12 janvier ne provoque même pas de sursaut des volumes. Le mouvement est régulier.

6 – Utilisation de l'indicateur OBV : « on balance volume »

Il sert à mesurer la pression sur les prix par les volumes de transaction. Il a été développé en 1976 par Joseph Granville, écrivain financier, chroniqueur TV et organisateur de séminaires. Il cumule les volumes de chaque séance à la valeur de l'OBV de la veille, positivement si on clôture en hausse, négativement si elle est en baisse.

On peut déterminer ainsi une formule de calcul :
- Si clôture en hausse : $OBV_n = OBV_{n-1} + Volume$
- Si clôture en baisse : $OBV_n = OBV_{n-1} - Volume$
- Si clôture étale : $OBV_n = OBV_{n-1}$.

À noter que ce qui compte est la clôture et non la couleur de la bougie : on peut clôturer en hausse avec une bougie noire si l'ouverture était supérieure à la clôture.

Son interprétation et son utilisation sont illustrées par les graphiques suivants :

a) En situation normale, prix et OBV évoluent dans le même sens ; c'est ce que nous indique le graphique suivant. Entre le 4 avril et le 26 mai, les cours évoluent en tendance baissière tout comme l'indicateur. La pente de ce dernier n'est pas très importante du fait d'un nombre de consolidations, courtes, qui mettent un peu d'incertitude. Cependant, le mouvement peut se poursuivre tant que la tendance de l'indicateur demeure baissière. Entre le 26 mai et le 14 juin, une consolidation plus marquée se développe et l'indicateur se retourne. La tendance reprend ses droits avant qu'une nouvelle consolidation ne se développe entre le 28 juin et le 19 juillet. On retrouve une structure de sommet en pince les 19 et 31 juillet. On note que les cours se retrouvent au même niveau alors que l'OBV baisse entre ces deux séances. On a une divergence d'OBV : c'est un signe avant-coureur d'une baisse à venir, la pression des volumes à l'achat baissant. C'est ce qui se produit les jours suivants et la rupture de la ligne de cou à 8,31 valide une structure de double sommet et donne un coup d'accélérateur à la baisse.

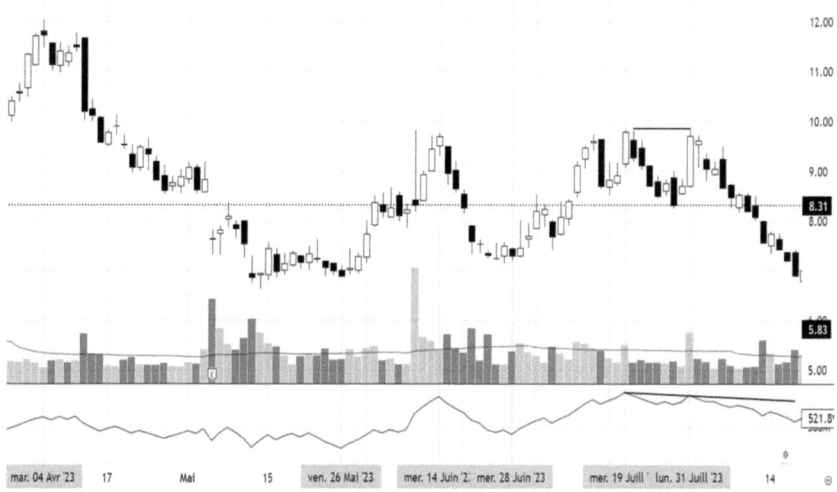

b)   L'exemple suivant montre les étapes d'évolution des prix et de
l'OBV ; son rôle est d'alerter l'investisseur des dangers de reprise en
main du marché par le camp adverse. Le 26 septembre, prix et OBV
passent par un point bas. Les jours suivants, les prix et l'OBV commencent à monter sans dynamique sur les volumes qui demeurent
proches de la moyenne. À partir du 9 octobre, les prix arrivent sous
une résistance à 320,35. Depuis le plus bas à 310,19, ils ont augmenté
de 3 % environ. La dynamique du mouvement est faible : prix et OBV
passent à l'horizontale. Cela signifie qu'il y a quasiment les mêmes volumes en positif et en négatif sur la période. C'est le 24 octobre que
l'indicateur commence à progresser car les clôtures progressent signi-
ficativement et peu importe que les bougies soient noires : l'OBV
quantifie le sens du mouvement et une dynamique tendancielle ; c'est
là un de ses principaux intérêts. Un investisseur pourrait se montrer
inquiet de la couleur des bougies après le 23 octobre, mais l'OBV le
rassure sur le fait que la tendance haussière est en train de s'installer.
La bougie noire du 26 octobre, pourtant de taille significative, entraîne
une faible baisse de l'OBV et le mouvement repart dès le lendemain
avec une progression en ligne droite de l'indicateur : les clôtures sont
plus hautes jour après jour, la tendance est solide. À partir du 8 no-

vembre, le rythme change car le nombre de clôtures inférieures à celle de la veille augmente. Cette réduction de la pression haussière se traduit par une mise à plat de l'indicateur ou une évolution faible. Cependant, il nous renseigne sur le fait que la tendance n'est pas en danger, les volumes d'achat demeurent significatifs : il y a plus d'entrées acheteuses jour après jour même si le rythme de collecte recule.

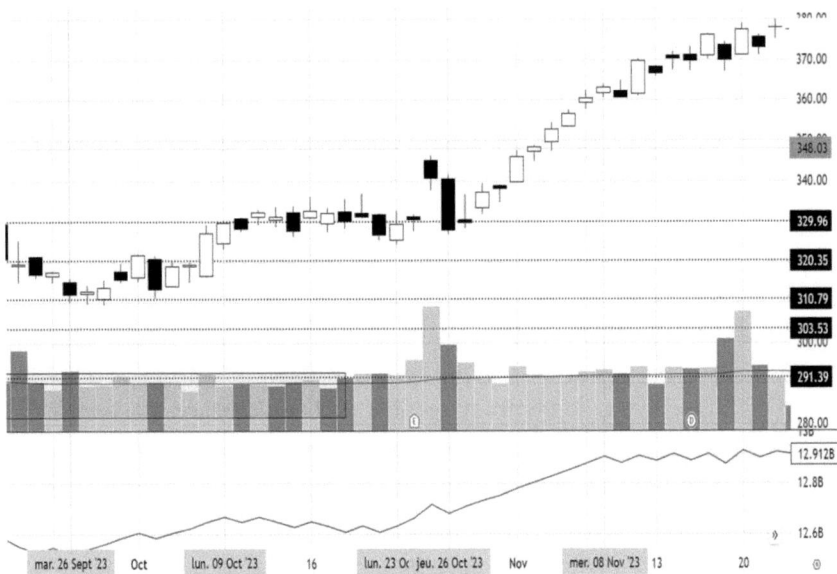

c) Détection des phases d'accumulation et de distribution : les graphiques suivants indiquent comment appréhender ces types de situations. La configuration suivante présente une situation de range, consolidation horizontale d'une tendance haussière. L'investisseur doit se poser la question de savoir s'il s'agit d'une zone d'accumulation avant la reprise de la tendance haussière ou la fin de celle-ci, c'est-à-dire une phase de distribution. L'OBV va rapidement donner le sens futur des prix. Tout d'abord, on note une divergence de l'OBV par rapport aux prix entre le 11 janvier et le 1ᵉʳ février. Les prix font un plus haut alors que l'OBV baisse, marquant une diminution significative de la pression acheteuse. Le 7 février, les prix sortent une première fois du range par le bas avant d'y revenir puis de lâcher définitivement. La ligne de divergence ne sera jamais franchie, confirmant l'anticipation baissière détectée par l'indicateur.

L'exemple suivant est également très représentatif, cette fois, d'une structure d'accumulation. Comme dans l'exemple précédent, l'investisseur doit se demander si la consolidation à plat entre le 20 octobre et le 1er novembre correspond à une étape dans la baisse ou – au contraire – si les acheteurs sont en train de reprendre le contrôle du marché. La situation est tout à fait intéressante : durant la consolidation à plat, la majorité des bougies est noire, ce qui laisserait supposer que les vendeurs détiennent toujours le contrôle du marché. En fait, il y a une majorité de séances qui clôturent en hausse, ce qui vient alimenter positivement l'indicateur qui se redresse avec force. Finalement, le 2 novembre, les cours ouvrent un gap de rupture, confirmé par un nouveau gap à l'ouverture suivante montrant la force de la reprise en main par les acheteurs.

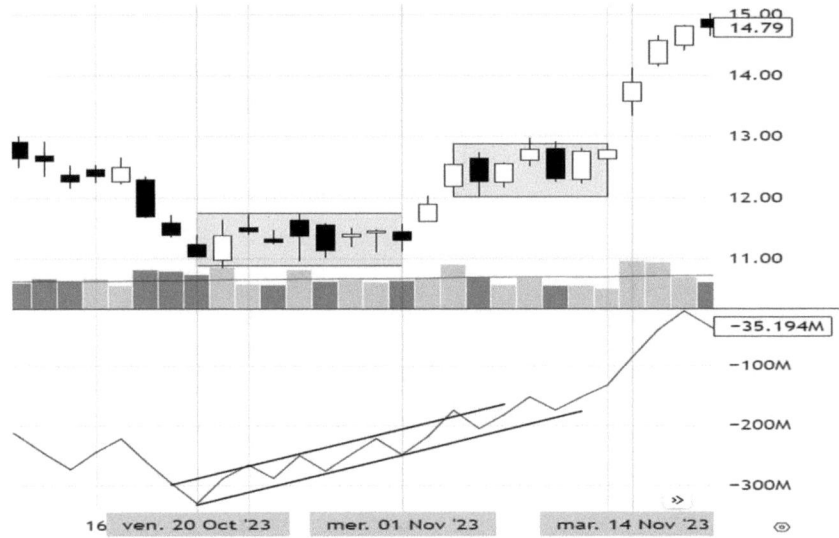

On notera encore qu'une nouvelle consolidation horizontale survient quelques séances après la sortie de la zone d'accumulation. Là encore, l'OBV continue sa progression, anticipant une nouvelle sortie haussière des prix le 14 novembre avec l'ouverture d'un nouveau gap haussier.

7 – Utilisation des retracements et extensions de Fibonacci pour contrôler les consolidations

Nous avons analysé les bougies uniques ou les groupes de bougies qui annonçaient des phases de retournement de la tendance actuelle. Au-delà de cette information déterminante, l'investisseur voudra savoir si le nouveau mouvement correspond à un retournement définitif de la tendance ou à une consolidation avant que la tendance primaire ne reprenne. On a vu que ce dernier cas est naturel : il est nécessaire de proposer de meilleurs prix pour faire rentrer de nouveaux investisseurs sur le marché de l'actif et il est compréhensible que des investisseurs en position souhaitent prendre des bénéfices. Cependant, plus la consolidation sera profonde, plus l'inquiétude naîtra chez les investisseurs qui voient fondre les bénéfices réalisés : ils seront tentés, à leur tour, de participer au mouvement de sortie de position. Il y a des niveaux de balance entre la nécessaire consolidation et la reprise en main par le camp adverse. C'est cette recherche d'équilibre à laquelle les retracements de Fibonacci vont répondre. Bien entendu, on utilisera la lecture des bougies et la recherche de nouvelles structures de retournement qui viendraient indiquer la fin de la consolidation.

Ensuite, si la consolidation se termine, l'investisseur souhaitera se donner des objectifs de cours tenant compte de la nouvelle situation née de la consolidation. C'est à cette question que les extensions de Fibonacci vont apporter des réponses.

7– 1 La suite de Fibonacci et le « nombre d'or »

Leonardo Fibonacci est un mathématicien italien qui vécut entre les XII et XIIIe siècles. Il est connu, notamment, pour sa célèbre suite : Un = Un-1 + Un-2.

Chaque élément de la suite est la somme des deux qui le précèdent. Les premiers sont : 1, 1, 2, 3, 5, 8, 13…

Il a démontré que la limite à l'infini du rapport Un/Un-1 est le fameux « nombre d'or » : 1 618… que l'on retrouve dans différents éléments de la nature, de l'architecture… et dans des travaux d'ésotérisme.

Les principaux retracements de Fibonacci représentent le rapport entre les éléments précédents de la suite et l'élément actuel Un, ce qui explique le terme de « retracement » :

Un-1/Un = 1/1 618 = 0,618

Un-2/Un = Un-2/Un-1 * Un-1/Un = 0,618 * 0,618 = 0,382

Un-3/Un = Un-3/Un-2 * Un-2/Un = 0,618 * 0,382 = 0,236

On inclut, même s'il ne rentre pas dans l'approche de Fibonacci, le retracement 0,5, c'est-à-dire la moitié du mouvement.

On verra que les mouvements tendanciels ont tendance à retracer sur ou à proximité d'un de ces niveaux. On considère majoritairement les retracements 0,382 (38,2 %), 0,5 (50 %) et 0,618 (61,8 %) car ce sont les plus fréquents.

7 – 2 Suivi de la consolidation

Les exemples suivants vont illustrer ces niveaux de retracement et nous détaillerons les structures de bougies qui peuvent déclencher le retracement et y mettre un terme.

7 – 2 – 1 Retracement 38,2%

Dans la configuration ci-après, un mouvement baissier est interrompu sur le support à 31,85 et une structure d'île de retournement, avec ses deux gaps, relance les cours en direction de la résistance à 38,25. Un nouveau retournement en forme d'étoile du soir confirme l'échec sur ce niveau. Celui-ci prend fin sur le retracement de Fibonacci 38,2 % du rally entre le 31 mai et le 16 juin. Une étoile du matin, le 26 juin, confirme la fin du retracement et la reprise du mouvement haussier.

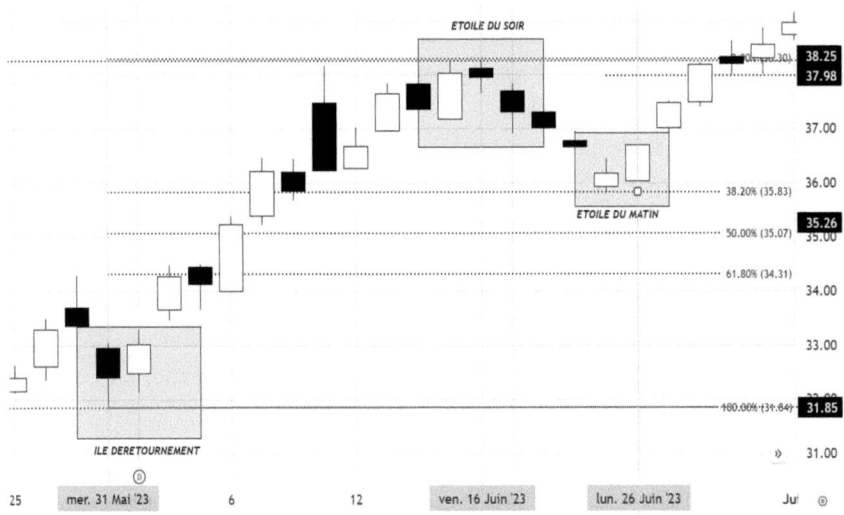

7 – 2 – 2 Retracement 50 %

Dans le grand mouvement baissier présenté ci-après, une première consolidation se met en place le 1er mars. Le retournement s'opère à partir du 14 avril à la faveur d'abord d'un harami baissier et, avec les bougies des jours suivants, une structure de sommet en tour est mise en place. La tendance baissière reprend son cours jusqu'au 17 mai. Une structure de creux en pince renforcée par la bougie blanche à grand corps quatre séances plus tard lance la consolidation haussière. La bougie noire du 24 mai est une couverture en nuage noir qui met fin à la consolidation sur le retracement de Fibonacci 50 %.

7 – 2 – 3 Retracement 61,8 %

Dans l'exemple suivant, une tendance baissière se met en place suite à l'étoile filante du 13 septembre confirmée par le gap de rupture baissier ouvert le lendemain. Le scénario baissier se déroule avec un second gap ouvert quelques séances après le premier, suivi par cinq séances de bougies noires dynamiques. Une étoile du matin est confirmée le 28 septembre. Les cours ne réussissent pas à progresser et le support à 227,87 est retesté avec succès, créant une structure de creux en pince qui devient une structure de double creux par franchissement de la ligne de cou à 232,97. Les cours progressent ainsi jusqu'au niveau du retracement de Fibonacci 61,8 % à 241,59 le 17 octobre. Les vendeurs reprennent la main à travers une structure d'étoile du soir et les cours reprennent la tendance baissière jusqu'au retest du support à 227,87 le 27 octobre.

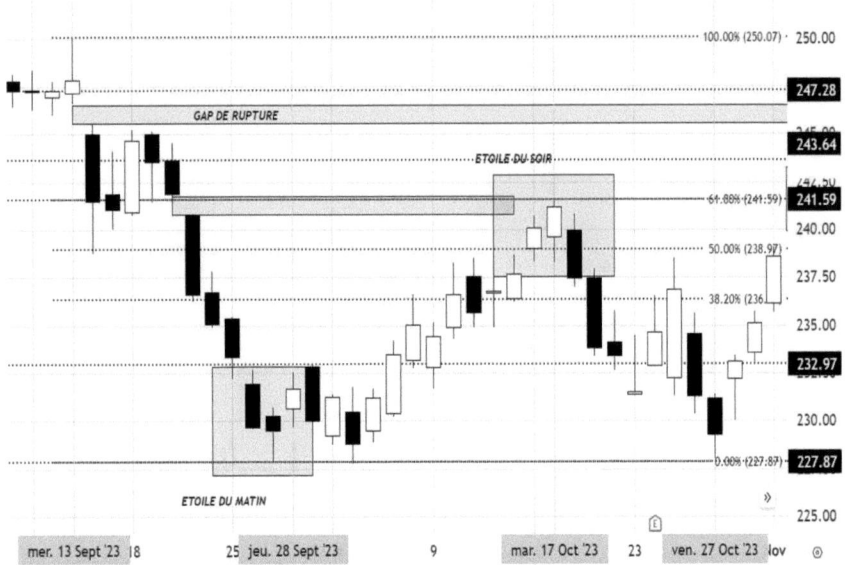

7 – 2 – 4 Conclusion sur les retracements de Fibonacci

Les exemples précédents montrent clairement le caractère psychologique des retournements sur ces niveaux clés. Les mécanismes psychologiques qui font que les investisseurs agissent ainsi ne sont pour le moment pas connus. Peut-être simplement s'agit-il d'un phénomène d'autosuggestion. Les cours peuvent s'arrêter à proximité du retracement ou en clôture. La proximité du niveau, alliée à une figure de retournement confirmée, est généralement suffisante pour valider le niveau de retracement.

Un débat existe entre tenants du calcul du niveau de Fibonacci en utilisant les mèches ou les clôtures. Pour l'auteur, trois points sont à considérer :

– La solution qui donne un bon résultat doit être privilégiée. Il faut prendre soin de considérer mèche ou clôture pour les niveaux de début et de fin de consolidation.

– Lorsqu'un des niveaux de départ ou de fin de retracement présente une mèche importante et l'autre non, il vaut mieux considérer les clôtures.

– Lorsque l'un de ces niveaux présente une mèche qui est confirmée par une structure de sommet ou de creux en pince, les mèches sont opérantes du fait de la confirmation du niveau.

Le niveau de retracement de Fibonacci 38,2 % est particulièrement important et scruté par les investisseurs. Le fait de retracer une proportion faible du mouvement précédent est caractéristique des tendances fortes. En effet, peu de prises de bénéfices se produisent et rapidement on trouve de nouveaux investisseurs pour prolonger la tendance primaire. Un rebond sur le niveau de 38,2 % est régulièrement une occasion de rentrer en position dans le sens du mouvement primaire, qui plus est avec un niveau de stop souvent proche.

7– 3 Objectifs du mouvement après retournement sur un niveau de Fibonacci

Les extensions de Fibonacci permettent de projeter le mouvement avant consolidation à partir du point de retournement marquant la fin de la consolidation. On dispose principalement de trois niveaux opérationnels d'extension : 0,618, 0,786 et 1. Il existe d'autres projections, au-delà de l'ampleur du mouvement mais l'auteur ne les utilise généralement pas. En effet, il considère qu'il est difficile et – au moins – hasardeux de projeter un mouvement au-delà de sa propre ampleur et de la dynamique qu'il a représentée.

Nous allons reprendre les configurations analysées pour les retracements de Fibonacci et, après fin de la consolidation, projeter les niveaux précédents à partir de ce point.

7– 3 – 1 Extension du mouvement après retracement de Fibonacci 38,2 %

Le graphique ci-après permet de bien comprendre la formation des extensions de Fibonacci. Le mouvement initial s'est déroulé entre le 31 mai et le 16 juin. La consolidation s'est arrêtée le 25 juin sur 35,82. On reporte le mouvement initial à partir de ce point. C'est pour cela que l'extension 1 représente le report de l'ensemble du mouvement, ce que matérialisent les deux grandes flèches. Cependant, le mouvement après fin de consolidation peut aller à différents niveaux, notamment 0,618 et 0,786 comme indiqué précédemment. Ils sont marqués sur le graphique : l'extension 0,618 est à 39,83 et l'extension 0,786 à 40,92. On note que dans cet exemple, les cours se sont arrêtés sur cette dernière extension qui a la particularité d'être un niveau de résistance dans le passé de l'actif, comme illustré sur le graphique. Une figure de retournement très forte avec quatre bougies noires consécutives et un gap baissier illustre cette reprise en main par les vendeurs. On verra par la suite que, statistiquement, après un retracement sur le niveau de Fibonacci 38,2 %, les cours ont tendance à atteindre l'extension 0,786.

On dispose d'une convergence (niveau d'extension + résistance) qui permet à l'investisseur qui souhaiterait rentrer sur le titre après la consolidation de bénéficier d'un objectif technique réaliste.

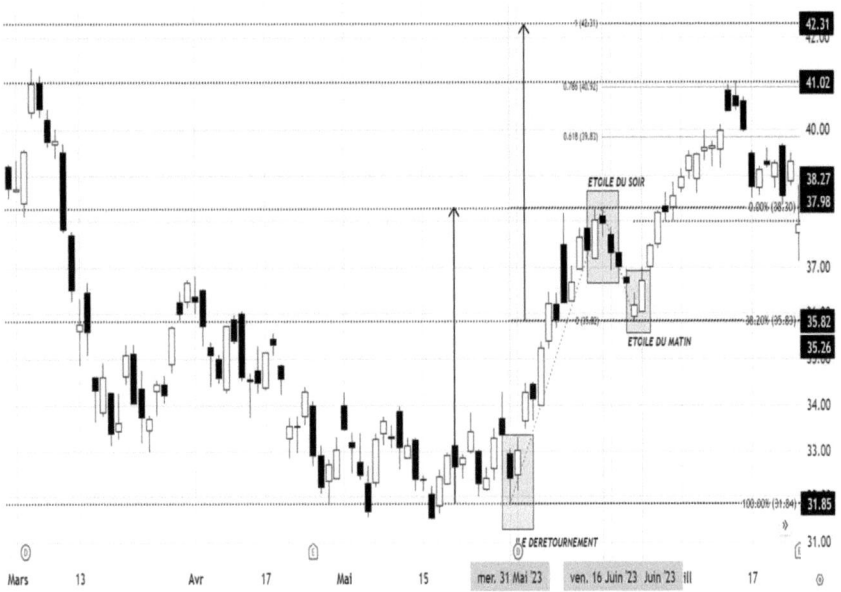

7– 3 – 2 Extension du mouvement après un retracement de Fibonacci 50 %

Reprenons l'exemple précédent correspondant au retracement de Fibonacci 50 %. Après la bougie du 24 mai en forme de couverture en nuage noir annonçant la fin de la consolidation, le mouvement primaire reprend. Dans un premier temps, les vendeurs ont du mal à imposer la rupture du niveau à 122,61 qui avait initié la consolidation le 17 mai. Dans un deuxième temps, il est cassé laborieusement pour aller tester l'extension 0,618 de Fibonacci une première fois le 23 juin et une deuxième fois le 6 juillet. Les cours restent dans un range entre 118,41, l'extension 0,618, et 122,61.

Il a été nécessaire de « remonter » jusqu'au retracement 0,5 pour retrouver une dynamique vendeuse, ce qui marque moins de détermination vendeuse du marché. Il n'est pas étonnant que ce manque de détermination envoie les cours vers une extension moins importante que dans le cas précédent avec un retracement qui s'est limité à 38,2%.

7– 3 – 3 Extension du mouvement après un retracement de Fibonacci 61,8 %

Revenons sur la situation présentée ci-dessus du retracement de Fibonacci 61,8 %. Une étoile du soir validée le 18 octobre a relancé le mouvement baissier et les cours sont revenus le 27 octobre tester l'extension 0,618 qui correspond au niveau de démarrage de la consolidation de la tendance baissière primaire. Une structure d'étoile du matin, haussière, marque la fin du mouvement baissier et les cours repartent vers le haut. Le 2 novembre, une bougie blanche dynamique propulse les cours au-delà de 241,59 qui est la ligne de cou, validant la figure de double creux. Les prix peuvent alors poursuivre leur marche haussière.

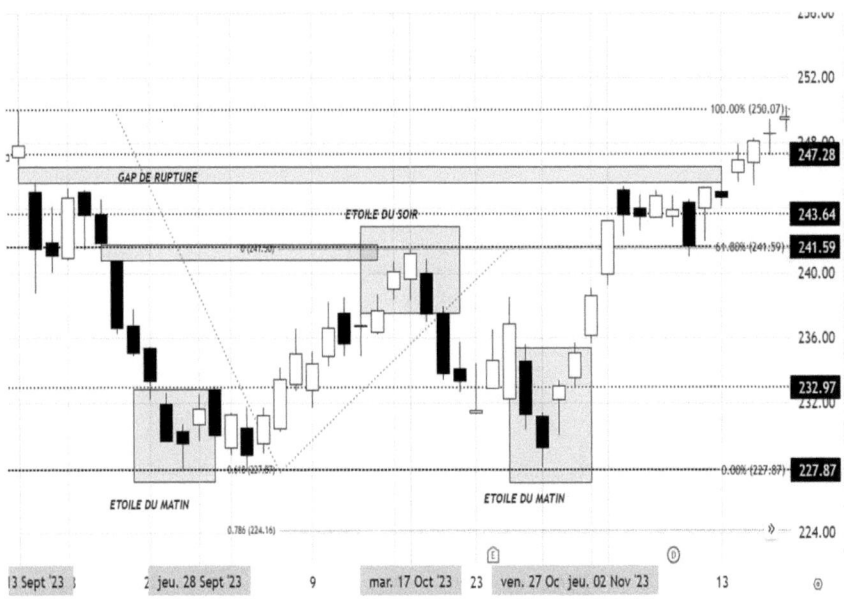

7– 3 – 4 Conclusion sur les extensions de Fibonacci

Ces trois situations correspondant à des retracements standards de Fibonacci, à savoir 38,2 %, 50 % et 61,8 %, donnent des objectifs correspondant aux extensions 0,618 et 0,786.

Cela montre que plus la consolidation est profonde, moins l'objectif lors du retour dans la tendance primaire est important. Une consolidation faible, comme le 38,2 %, montre que l'actif intéresse rapidement de nouveaux acheteurs qui vont redonner de la force au mouvement. De l'autre côté, un retracement 61,8 % laisse de nombreux investisseurs en perte. Il est peu probable qu'ils souhaitent encore investir sur le titre. Les situations présentées sont caractéristiques des statistiques réalisées par l'auteur, dont le résultat est le suivant :

– Quand un actif consolide sur le retracement de Fibonacci 38,2 % et que le retournement se réalise autour de cette valeur, l'objectif de redémarrage de la tendance primaire est au minimum sur l'extension 0,786 et les cours reviennent régulièrement vers l'extension 1.

– Quand un actif consolide sur le retracement de Fibonacci 50 % et que le retournement se réalise autour de cette valeur, l'objectif de redémarrage de la tendance primaire est au minimum sur l'extension 0,618 et les cours peuvent atteindre au maximum l'extension 0,786.

– Quand un actif consolide sur le retracement de Fibonacci 61,8 % et que le retournement se produit autour de cette valeur, l'objectif de redémarrage de la tendance primaire est le niveau de départ du mouvement de consolidation. Cet objectif est régulièrement ambitieux.

– Quand un actif consolide au-delà du retracement 61,8 %, le mouvement de consolidation le ramènera généralement vers l'origine de la consolidation.

Enfin, on sera toujours attentif à la position des supports et des résistances qui apparaîtront sur le chemin des cours. La convergence, comme on l'a vu, entre ces éléments et les retracements et extensions apporteront une confirmation à l'investisseur de niveaux objectifs.

8 – Utilisation des bandes de Bollinger et des structures de bougies

Une étude originale et complète de l'utilisation des bandes de Bollinger est disponible dans l'ouvrage de l'auteur : *Le Pouvoir d'Ichimoku* chez JDH Éditions.

Les bandes de Bollinger servent à mesurer la volatilité mathématique. Lorsqu'un mouvement impulsif significatif se déclenche, les cours sortent généralement des bandes de Bollinger.
La bande de Bollinger qui se trouve dans le sens du mouvement s'ouvre dans son sens pour marquer l'augmentation de la volatilité. La bande de Bollinger qui se trouve dans le sens opposé au mouvement s'ouvre également mais elle n'est pas d'une grande utilité dans cette première partie du mouvement.

Les prix demeurent au contact ou à l'extérieur des bandes tant que le mouvement demeure suffisamment fort.

Reprenons une des configurations analysées dans le chapitre précédent dans l'utilisation des outils de Fibonacci.

À la suite du gap ouvert le 21 septembre, la bougie de ce jour sort de la bande de Bollinger basse. Les cours clôtureront sous celle-ci jusqu'au 27 septembre. L'étoile du matin validée la séance suivante ramène les cours au-dessus de la bande.

La bande opposée commence à se mettre à plat dès le lendemain puis devient baissière. La volatilité est passée par un pic et commence à baisser, rendant plus difficile la poursuite du mouvement.

Le retournement de la bande haute de Bollinger est un marqueur de fin de mouvement impulsif : ce dernier pourra encore légèrement progresser mais l'essentiel du potentiel baissier est acquis.

La validation de l'étoile du matin conjuguée au retournement de la bande opposée au mouvement est un signe très fort de fin de mouvement.

Il en est de même de la bande basse qui se retourne le 6 octobre. La volatilité baisse alors de manière très rapide. Le 17 octobre, les cours viennent au contact de la bande de Bollinger haute en phase de baisse. Le retournement a lieu le lendemain avec la validation d'une structure d'étoile du soir.

Il est très difficile de franchir une bande de Bollinger orientée dans le sens opposé au mouvement. Elle indique qu'il n'y a plus suffisamment de volatilité pour que le mouvement se poursuive.

La validation de l'étoile du soir conjuguée au contact d'une bande de Bollinger orientée dans le sens opposé au mouvement est un signal fort de fin de mouvement et de retournement.

En fait, la très grande difficulté à franchir la bande haute de Bollinger par manque de volatilité explique la bougie noire du 18 octobre. Elle était prévisible. Il aurait fallu une bougie de la puissance de celle du 21 septembre (gap + marubozu à grand corps) pour retourner la bande. Clairement, les acheteurs ne disposaient pas de la conviction comparable à celle dont avaient fait preuve les vendeurs le 21 septembre.

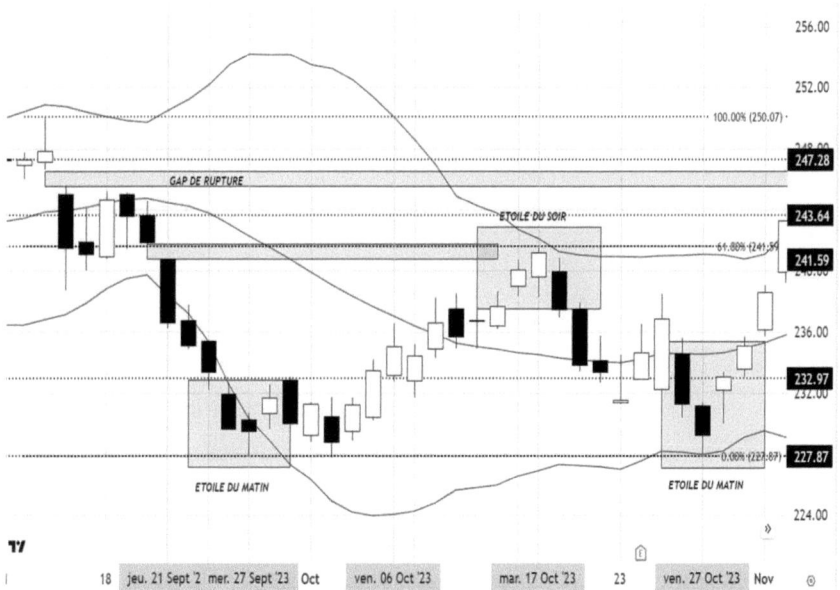

Le mouvement se poursuit avec des bandes de Bollinger qui finissent par se mettre à plat. La volatilité a atteint son minimum. On notera la bougie du 27 octobre. Ce jour-là, un test est effectué du support à 227,87 et de la bande basse de Bollinger plate. Celle-ci correspond également à un support car elle marque le maximum (théorique) de volatilité disponible. Il était alors difficile de la rompre en même temps que le support technique à 227,87. La bougie du lendemain valide la structure d'étoile du matin.

9 – Utilisation de l'indicateur RSI

Il a été créé par Welles Wilder. C'est un indicateur de momentum. Il sert à évaluer la dynamique des prix d'un actif. Il mesure la vitesse et l'ampleur des variations de prix durant une période définie, souvent comprise entre neuf et quatorze périodes. L'auteur a l'habitude d'utiliser l'indicateur sur onze périodes de manière à lui donner une certaine nervosité. Utiliser neuf périodes donne de l'instabilité et quatorze périodes apparaît trop lissé.

On considère généralement qu'un actif est suracheté quand le RSI est supérieur à 70 et survendu quand il est inférieur à 30. Ces informations sont à prendre de manière tout à fait relative. Un actif peut demeurer suracheté sur une longue période sans que les prix baissent. La même chose est vraie pour des conditions de survente.

L'intérêt majeur, pour l'auteur, à utiliser cet indicateur est lorsqu'on constate une divergence entre son évolution et celle des prix. Dans l'exemple suivant, entre le 13 et le 28 juillet, les prix poursuivent leur hausse alors que l'indicateur recule, marquant un recul du momentum haussier. En la circonstance, la raison provient de la consolidation qui eut lieu entre les deux dates. Elle témoigne d'un recul de la pression haussière.

Dans l'exemple suivant, la tendance est haussière. Le 20 juillet, le RSI passe par un sommet dans le mouvement. Deux séances plus tard, les prix ont progressé mais le RSI recule déjà très légèrement. Par contre, les prix progressent entre le 24 et le 31 juillet alors que le RSI a régressé. On assiste à une divergence entre les prix et le RSI. La présence d'une alternance de bougies blanches et noires entre ces deux dates témoigne de l'affaiblissement de la pression haussière. Dans les jours qui suivent, des gaps sont ouverts et clôturés (gaps communs), les couleurs des bougies alternent et la bande de Bollinger haute se referme. Le mouvement impulsif est terminé, phénomène qu'avait anticipé la divergence de RSI. En la circonstance, l'alerte émise par cette dernière venait en confirmation du retournement de la bande de Bollinger opposée puis de l'alternance de bougies présentant des petits corps et formant un range. Ce dernier était en fait une structure de distribution : tous les éléments convergent.

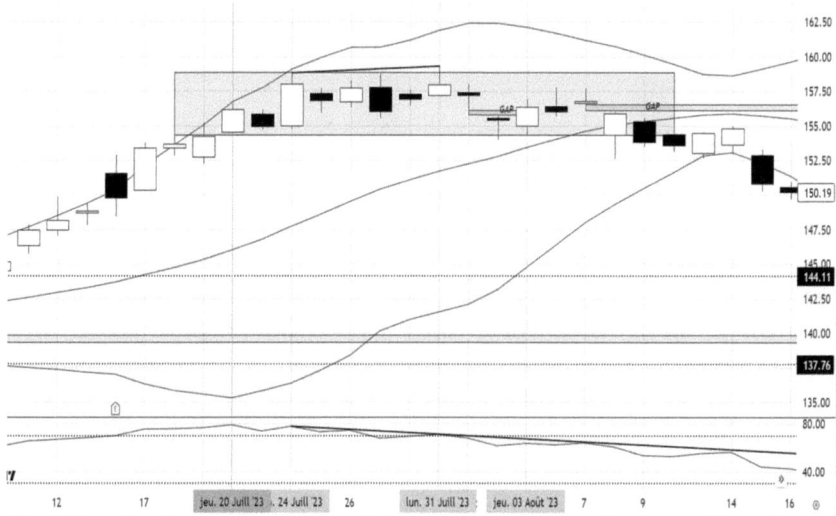

Dans le cas suivant, la divergence de RSI confirmée le 9 août est annonciatrice de la consolidation amorcée par le gap baissier ouvert le 15 août. Elle est invalidée le 1ᵉʳ septembre par le gap haussier ouvert ce jour-là et le franchissement de la droite de tendance baissière du RSI.

10 – Utilisation de la convergence entre les structures de bougies et les outils de l'analyse technique

Les outils d'analyse technique que nous venons d'explorer dans ce chapitre correspondent à des approches spécifiques de traitement du signal, que ce soient des éléments de momentum ou de dynamique (RSI, OBV), les volumes de transaction, les outils de Fibonacci ou la volatilité illustrée par les bandes de Bollinger.

Nous allons les utiliser ensemble, de manière complémentaire avec les structures de bougies pour forger des convictions d'évolution des cours. Le choix de ces outils se fera en fonction des situations particulières :

– Structures de retournement : les bougies donnent l'information d'un changement de maîtrise des cours par un camp ou l'autre. Comment s'inscrit ce retournement ? A-t-il une chance de durer ? Jusqu'où ? Les autres outils complèteront les structures de bougies, en les confirmant et en fixant un cadre et des objectifs à l'investisseur.

– Structures de continuation : le mouvement va-t-il encore se développer ? Vers quels objectifs ?

Nous allons analyser plusieurs situations caractéristiques qui permettront de dégager une méthodologie pour l'investisseur.

10 – 1 Première situation : interprétation des chandeliers avec les bandes de Bollinger et les volumes

Après une longue période de range, le 28 juillet, une impulsion haussière est déclenchée. Elle se traduit par un gap de rupture et un fort volume, confirmant l'intérêt des acheteurs. La bande de Bollinger haute s'ouvre et la clôture s'effectue au-dessus de cette dernière. Tous les ingrédients sont réunis pour le développement d'un mouvement haussier.

Trois séances plus tard, un gap de continuation est ouvert et à nouveau trois séances après, un troisième gap est ouvert qui peut être assimilé à un gap d'essoufflement : il faut considérer cela comme un premier signal d'alerte.

Le mouvement haussier se développe jusqu'au 11 août. Ce jour-là, la bande de Bollinger opposée au mouvement à savoir la bande basse se retourne, marquant la fin de la progression de la volatilité. La bougie du jour est une couverture en nuage noir. Le « gros » de l'impulsion a été réalisé. Le mouvement consolide alors de manière assez anarchique avec l'ouverture de gaps communs. L'indicateur OBV ne progresse plus et commence à régresser, indiquant une forte baisse de l'intérêt acheteur. Le 19 août, la bande de Bollinger haute se retourne, entraînant l'accélération de la baisse de la volatilité : le mouvement impulsif est terminé. Les volumes faiblissent, montrant maintenant un désintérêt du marché pour l'actif.

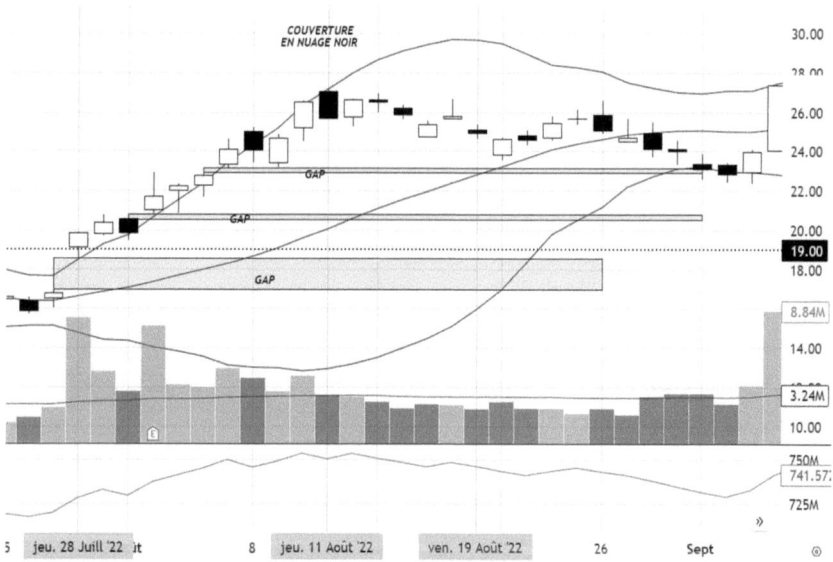

10 – 2 Deuxième situation : interprétation des chandeliers avec les bandes de Bollinger, les outils de Fibonacci, les volumes et l'OBV

Un petit mouvement haussier démarré début août s'achève rapidement avec une figure de retournement en étoile du soir le 15 août. Cette structure est confirmée dans les séances suivantes par une structure en « trois corbeaux noirs ». La troisième bougie casse la bande de Bollinger basse, montrant la force du mouvement vendeur. On notera également des volumes supérieurs à la moyenne. Depuis le 15 août, l'OBV baisse de manière significative, montrant la pression baissière.

La dynamique s'interrompt au contact du support à 173,84 ; les volumes régressent. La consolidation qui suit vient tester le retracement de Fibonacci 50 % du mouvement baissier entre les 15 et 25 août. Les prix viennent dans un premier temps tester le support à 173,94. Sa rupture franche le 18 septembre s'accompagne d'un redémarrage baissier de l'OBV. Puis l'extension de Fibonacci 0,618 est testée. Après trois séances d'hésitation, la baisse reprend vers l'extension 0,786 puis l'extension 1. Cette dernière est cassée avec ouverture d'un gap le 3 octobre, ce qui provoque un nouvel engouement des vendeurs qui se traduit par une augmentation des volumes.

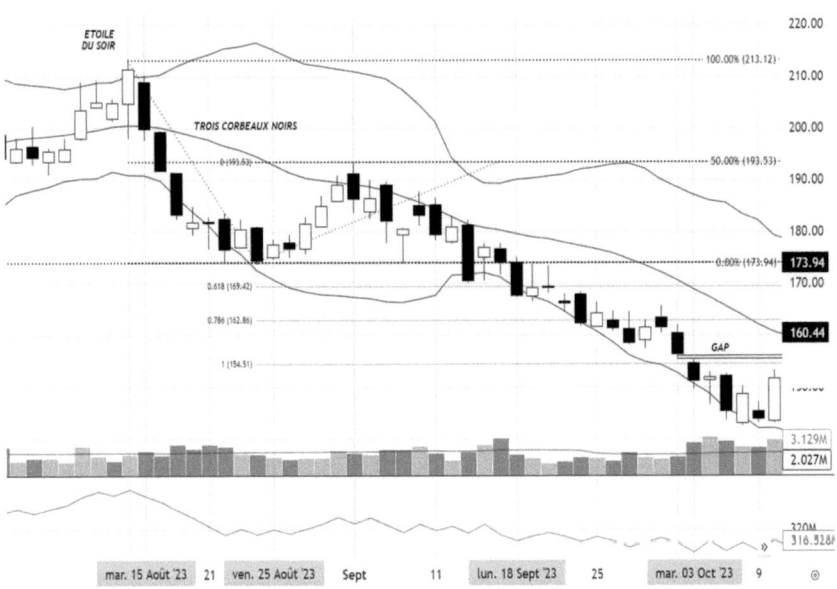

10 – 3 Troisième situation : interprétation des structures de bougies avec les bandes de Bollinger, les volumes et le RSI

Le retournement haussier, fin juin, est long à se confirmer. Ce sera le cas sur la bougie du 29 juin qui ouvre un gap haussier et présente un long corps blanc et de petites bougies haute et basse. Une augmentation nette des volumes confirme l'intérêt du camp acheteur. Celui-ci est cependant de courte durée ; en effet, deux séances plus tard, la situation est en train de changer. Bien qu'au-dessus de la bande de Bollinger haute, la bougie présente une mèche haute importante et les volumes sont en diminution. C'est une situation d'alerte. La bougie du lendemain, 5 juillet, est encore plus inquiétante puisqu'un gap baissier est ouvert, transformant la bougie de la veille en « bébé abandonné ». Le mouvement haussier semble compromis, d'autant plus que le lendemain, 6 juillet, un nouveau gap baissier est ouvert, propulsant les cours sous le support à 144,11. Le seul point positif de cette séance est la longue mèche basse montrant une volonté de soutien de la part du camp acheteur. Le lendemain, 7 juillet, un espoir ténu de reprise se fait jour par le (timide) franchissement de 114,11 en clôture malgré une bougie proche du doji. Le RSI se redresse et les jours suivants vont consacrer la victoire du camp acheteur.

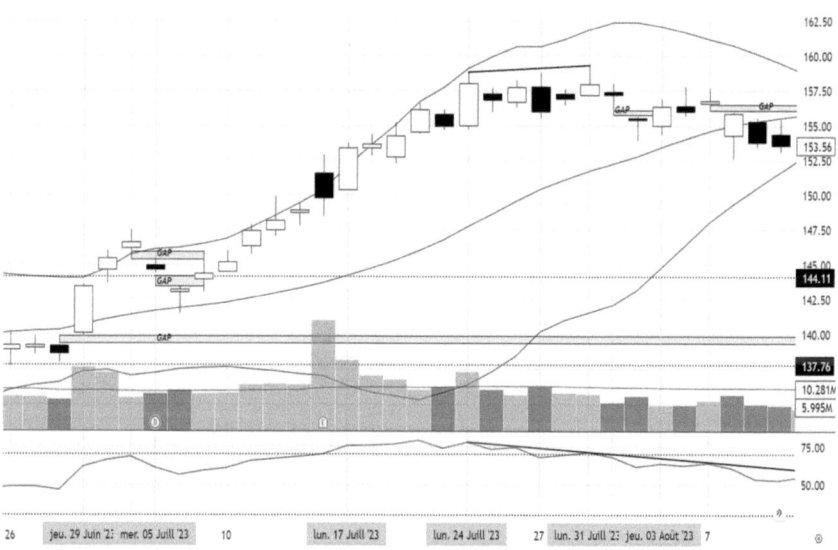

Le 24 juillet, sur une bougie blanche dynamique accompagnée de bons volumes, la bande de Bollinger opposée confirme son retournement annonçant que le gros de la progression est atteint. Les cours ne progressent plus, les volumes se réduisent et le 31 juillet une divergence de RSI confirme l'éventualité prochaine du retournement. Celui-ci va effectivement se produire dans les jours suivants. Le RSI demeure en dessous de sa droite de tendance baissière, suite à la divergence. Les volumes se réduisent. Le 3 août, la bande haute de Bollinger se retourne, confirmant la fin du mouvement haussier, phénomène appuyé par l'ouverture de deux gaps baissiers.

Cette situation nous confirme plusieurs points importants :

– Le démarrage du mouvement haussier fin juin/début juillet est poussif après la belle bougie du 29 juin. Pour un mouvement dynamique, on devrait s'attendre à des bougies blanches présentant des corps plus longs et des mèches moins importantes : l'incertitude commence avec le mouvement. Celui-ci est mal structuré et l'investisseur comprendra rapidement qu'il vaut mieux, à ce stade, rester à l'écart.

– C'est finalement la bougie du 17 juillet qui lance véritablement une dynamique de mouvement. Elle suit une bougie d'incertitude accompagnée de forts volumes (c'est le point de basculement : qui, entre acheteurs et vendeurs, va prendre le contrôle de l'actif ?), clôture au-dessus de la bande de Bollinger haute et présente des volumes intéressants. Le RSI est très favorable, en zone de surachat. Cependant, l'investisseur est amené à s'interroger dans la mesure où une part importante du mouvement a déjà été réalisée.

– On voit ainsi, quand les mouvements partent mal, qu'il est difficile techniquement (et psychologiquement) de les accompagner.

10 – 4 Quatrième situation : interprétation des bougies avec les volumes, les bandes de Bollinger et le RSI

On retrouve dans cette situation des éléments classiques vus précédemment. Un mouvement haussier est lancé de manière très convaincante le 10 mai :

– Fort volume
– Bougie blanche à long corps
– Clôture au-dessus de la bande de Bollinger haute.

Le lendemain, la dynamique est amplifiée par l'ouverture d'un gap de rupture, avec de forts volumes et une nouvelle clôture au-dessus de la bande de Bollinger haute.

Le mouvement va se poursuivre mais les bougies des 23 et 24 mai vont donner une grosse alerte d'un retournement de la tendance. En effet :

– La bougie du 23 est noire et la clôture est sous l'ouverture de celle de la veille.

– La bande de Bollinger opposée se retourne, marquant l'imminence de la fin du mouvement.

– Un gap baissier est ouvert le 24 mai.

La bougie du 25 mai redonne un peu d'espoir aux acheteurs qui, même s'ils ont été échaudés par les deux séances précédentes et conscients que le mouvement a produit la majeure partie de son potentiel, espèrent une dernière impulsion. La bougie du 24 était en fait un « bébé abandonné », ce qui confirme l'hypothèse d'une reprise du mouvement haussier.

Cette dernière se produit effectivement mais la bougie du 6 juillet (bien que blanche) sonne la fin du mouvement haussier :

– Une divergence de RSI apparaît.

– La bande de Bollinger haute se retourne, la volatilité va rapidement baisser et on a vu précédemment qu'une bande de Bollinger haute baissière correspond à une résistance forte.

La longue bougie noire du lendemain confirme le retournement, par sa taille, par le fait que si ce n'est pas une englobante académique, elle reprend l'avancée des dix séances précédentes avec un fort volume.

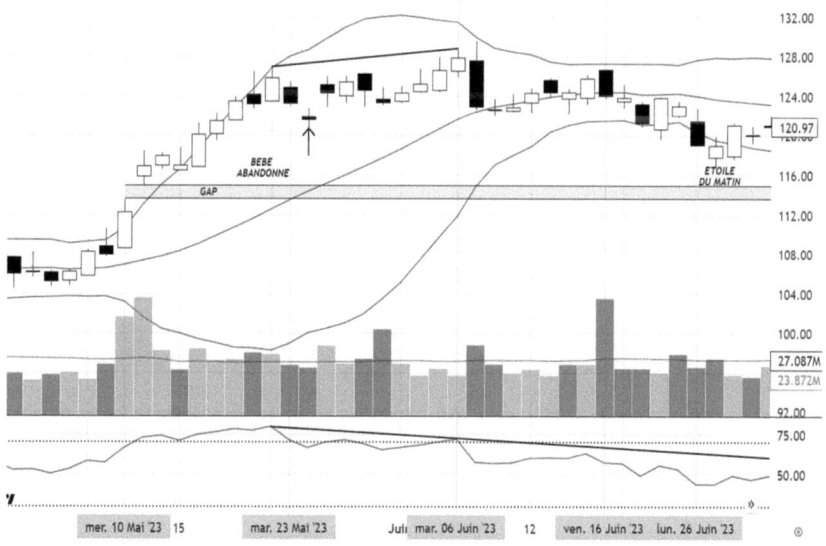

Les cours rentrent alors dans une zone où les bandes de Bollinger sont proches et à plat. On est dans un minimum de volatilité. Le volume de la bougie du 16 juin est intéressant. C'est un « marubozu ». Cela peut indiquer une volonté de reprise en main de l'actif par les vendeurs, mais aucun signal n'est encore donné à ce stade. Il faudra – a minima – que la bande basse de Bollinger soit rompue en clôture pour avoir ce signal ; c'est ce qui se produit le 26 juin. Malheureusement, les jours suivants valident une structure d'étoile du matin qui montre que les acheteurs ont défendu le gap ouvert le 11 mai. Il était indispensable qu'il soit comblé pour entériner la victoire du camp vendeurs.

10 – 5 Cinquième situation

Cet exemple fait la part belle au suivi des mouvements grâce à la lecture des bougies et aux structures de retournement et de continuation. Le propos sera renforcé par l'utilisation des volumes et des outils de Fibonacci.

Un mouvement haussier prend fin le 30 janvier par la confirmation d'un sommet en pince. Le retournement pouvait être prévisible du fait de cette configuration. Tout d'abord, le premier sommet était réalisé à l'ouverture d'une très longue bougie noire. Le second test du sommet, trois séances plus tard, est réalisé par une bougie blanche mais avec une longue mèche haute qui confirme que le niveau de 13,23 était un excès haussier du marché. Le mouvement baissier se développe, confirmé par la structure de continuation « trois corbeaux noirs ». Le gap baissier ouvert le 6 février est un indicateur supplémentaire de la vigueur du mouvement. Après retest favorable du gap trois séances plus tard, le support à 10,64 est rompu mais le test du support suivant à 10,04 est plus difficile. Les cours demeurent dans un range entre ces deux niveaux jusqu'à la bougie noire dynamique du 23 février qui casse le support à 10,04 avec des volumes significatifs. La dynamique du mouvement est confirmée le lendemain avec des volumes encore plus importants que la veille et l'ouverture d'un nouveau gap baissier.

Les cours finissent par tester le support à 8,04. Une structure de creux en pince anticipe une correction du mouvement baissier d'autant plus que les volumes ont faibli. Les cours reviennent tester la résistance à

10,64. Elle était support quand les cours étaient au-dessus ; elle devient résistance à partir du moment où le niveau est cassé. Une figure en « étoile du soir » vient mettre fin le 3 avril au mouvement de consolidation. On note que ce mouvement de retournement s'est effectué sur le retracement de Fibonacci 50 % de l'impulsion baissière entre le 30 janvier et le 20 mars.

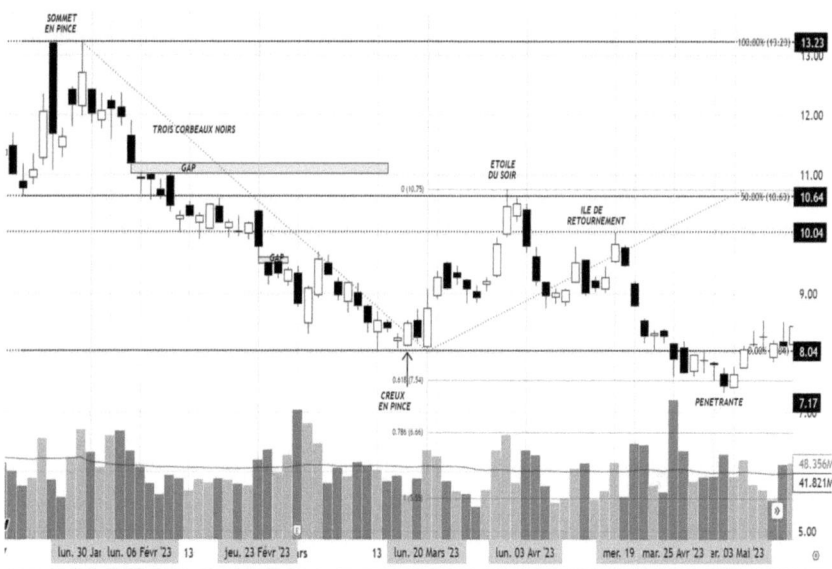

La baisse reprend sans qu'une dernière tentative des haussiers n'aboutisse à leur renoncement suite à l'« île de retournement » validée le 19 avril, confirmée par des volumes solides et l'ouverture d'un nouveau gap baissier le lendemain. Le support à 8,04 ne résiste pas longtemps et il est rompu le 25 avril avec de forts volumes. La dernière tentative des haussiers pour défendre 8,04 se solde par un échec le lendemain avec une bougie noire dynamique et des volumes toujours conséquents.
Les cours viennent en contact avec l'extension de Fibonacci 0,618. On a vu précédemment que c'était l'objectif statistique du mouvement après une consolidation sur le niveau de Fibonacci 50 %. Une pénétrante le 3 mai met fin au mouvement baissier et les cours reviennent tester la résistance à 8,04 : les acheteurs sont de retour.

CONCLUSION

L'objectif majeur qui était poursuivi dans ce livre était d'aider son utilisateur **à lire le marché**.

On a vu que la représentation de l'action des prix au cours d'une séance de Bourse, illustrée par les chandeliers/bougies, donnait beaucoup d'informations sur le combat acheteurs/vendeurs. C'est lui qui concourt à la formation des prix.

C'est pour cela que j'ai donné le conseil au lecteur de commencer sa journée de Bourse par un « échauffement » consistant à regarder des graphiques vierges d'éléments techniques ou d'indicateurs : seulement les bougies. Cet exercice permet de se concentrer sur ce fameux combat et de repérer les mouvements impulsifs, les consolidations... ainsi que les structures de bougies, les retournements et les figures de continuation.

On peut, ensuite, faire intervenir des éléments graphiques (moyennes mobiles, droites de tendance...) et des indicateurs choisis dont le lecteur a la maîtrise.

Il sera alors possible d'affiner la compréhension de la situation de l'actif et élaborer des scénarios d'évolution des cours.

La convergence entre les indications données par la forme et les structures de bougies ainsi que les indicateurs donnera à l'analyste une plus grande probabilité de succès dans l'élaboration de scénarios.

Enfin, ce livre doit avoir montré que tout part de la lecture dynamique et de la compréhension des mouvements de structures de bougies. Ce sont elles qui expliquent le marché. De grands analystes et investisseurs n'utilisent aucun indicateur. Leur grande expérience et compétence dans la lecture des prix leur est suffisante pour comprendre le marché. Les structures techniques de retournement et de continuation présentées dans la première partie du livre sont des configurations classiques. Il est important de les connaître et de les repérer sur les graphiques quand elles se présentent. On ne les retrouve pas toujours avec les conditions qui ont été indiquées. On retrouve aussi beaucoup d'autres structures ressemblantes.

Il faut apprécier la force de chaque bougie individuellement et dans le rapport avec celles qui suivent et précèdent.

L'important pour l'auteur, au-delà de l'approche pédagogique, est de toujours comprendre le fonctionnement du marché, c'est-à-dire (à nouveau) la résolution du combat entre acheteurs et vendeurs.

C'est la leçon et le but ultime de ce livre, tels que souhaités par l'auteur.

Découvrez

Les figures chartistes de l'analyse technique

Gagner en Bourse avec les figures de continuation et de retournement

par Nicolas Gallant

Suivez **JDH Éditions** sur les réseaux sociaux
pour en savoir plus sur les auteurs,
les nouveautés, les projets…

Inscrivez-vous à notre Newsletter sur

www.jdheditions.fr

Pour recevoir l'actualité de nos nouvelles
parutions